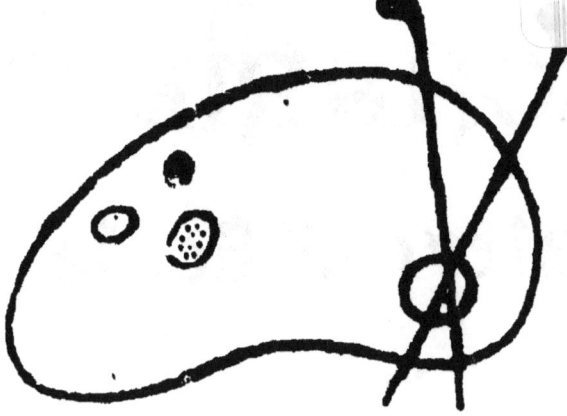

Début d'une série de documents en couleur

ZACHARIE

Le Maître d'École

PAR

RAOUL DE NAVERY

NEUVIÈME ÉDITION

LIBRAIRIE BLÉRIOT
HENRI GAUTIER, Successeur
55, QUAI DES GRANDS-AUGUSTINS, 55
PARIS
Tous droits réservés.

Librairie PLÉRIOT, Henri GAUTIER,
55, Quai des Grands-Augustins, PARIS.

DERNIÈRES NOUVEAUTÉS

AIGUEPERSE (Mathilde)
Le Choix de Maura, 1 vol.
in-12 . . . . 3 fr.

ARLAY (Pierre d')
Le Portrait de la Chambre
rouge, 1 vol. in-12. . . . 3 fr.

ARMOISES (Olivier des)
Lafoine, 1 vol. in-12 . . . 3 fr.

BUXY (R. de)
Sœur Petite, 1 vol. in-12 . . 3 fr.
La Famille de Burgau,
1 vol. in-12 . . . . 3 fr.
La Conquête de Burgau-
Bourg, 1 vol. in-12 . . . 3 fr.

CHAMPOL
Le Roman d'un Égoïste,
1 vol. in-12. . . . . . . 3 fr.
L'Homme Blanc, 1 vol. in-12. 3 fr.
Sophie ma plus jeune, 1 vol.
in-12 . . . . 3 fr.

CHÉRON DE LA BRUYÈRE (Mme)
L'Orgueil des Moustrey,
1 vol. in-12, (couronné par l'A-
cadémie française). . . . 3 fr.

COZ (Edmond)
Les Derniers Montforzol,
1 vol. in-12 . . . . 2 fr.
La Meilleure Route, 1 vol.
in-12 . . . . 2 fr.

DOMBRE (Roger)
Cousine Bas-Bleu, 1 vol.
in-12 . . . . 2 fr.
Le Cheveu de mon exis-
tence, 1 vol. in-12 . . . . 3 fr.

DONAL (Mario)
Le Chemin de la foi, 1 vol.
in-12 . . . . 2 fr.

DRAULT (Jean)
Un Aïeul de Chapuzot, 1 vol.
in-12, nombr. caricat. de Charly. 3 fr.
Chapuzot navigue, 1 vol.
in-12. nombr. caricatures de G.
Tiret-Bognet . . . . 3 fr.
Chapuzot à Madagascar,
1 vol. in-12, nombr. caricatures
de G. Tiret-Bognet et Draner. . 3 fr.
Le Nez de Flairdecoin, nom-
breuses caricatures de Charly,
1 vol. in-12. . . . . . . 3 fr.

DU CAMPFRANC (M.)
La Fontaine du Jouvence,
1 vol. in-12 . . . . 3 fr.
Toit de Chaume, 1 vol. in-12,
(couronné par l'Acad. française). 3 fr.
Colbert, 1 vol. in-12 . . . 3 fr.

FRANK (Étienne)
L'Anneau d'argent, 1 vol.
in-12 . . . . 3 fr.

HAUTERIVE (M. d')
Gitana, 1 vol. in-12 . . . . 3 fr.

LIAS (Jeanne de)
Le Curé de Val d'Aure,
1 vol. in-12. . . . . . . 3 fr.

MAGUS
Le Magicien amateur, 1 beau
vol. in-8°, avec nombreux des-
sins et figures dans le texte,
broché . . . . 4 fr.
Relié toile rouge, tr. dorées,
fers spéciaux . . . . . . 6 fr.

MALTRAVERS (Raoul)
Un Mystère, 1 vol. in-12 . . 2 fr.

MARCEL (Étienne)
Le Berceau, 1 vol. in-12 . . 3 fr.

MARYAN (M.)
Le Mystère de Kerhir, 1 vol.
in-12 . . . . 3 fr.
Odette, 1 vol. in-12 . . . . 3 fr.
Marcia de Laubly, 1 vol. in-
12 . . . . 3 fr.
Le Roman d'un Médecin
de Campagne, 1 vol. in-12. 3 fr.

E. MEUNIER
Un Coup de tête, 1 l. in-12. 2 fr.

POISEUX (A. de)
Pauvres Gens, 1 vol. in-12. . 3 fr.

ROCHAY (J. de)
Les Souliers de la Com-
tesse Lora, 1 vol. in-12. . 2 fr.

TISSOT (V.) et MALDAGUE (G.)
La Prisonnière du Mahdi,
1 vol. in-12, illustré, couverture en couleur . . . . . 2 fr.

Beaugency. — Imp. J. Laffray.

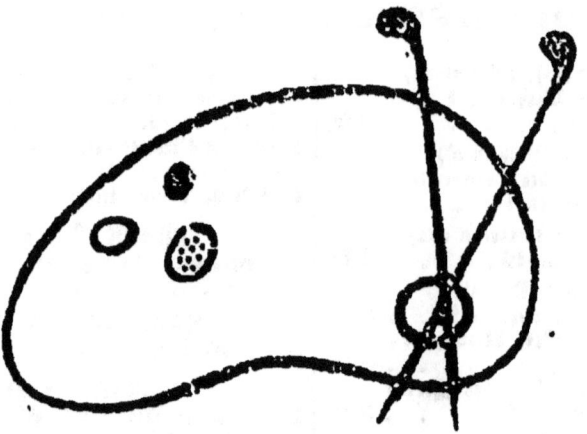

Fin d'une série de documents en couleur

ZACHARIE
LE MAÎTRE D'ÉCOLE

DU MÊME AUTEUR

	fr.	c.
Les Idoles. 7ᵉ édition, 1 vol. in-18 jésus............	3	»
Les Drames de la misère. 2 vol. in-18 jésus........	6	»
Patira. 7ᵉ édition, 1 vol. in-12....................	3	»
Le Trésor de l'abbaye. 6ᵉ édition, 1 vol. in-18 jésus.	3	»
Jean Canada. 5ᵉ édition, suite du Trésor de l'abbaye. 1 vol. in-12...........................	3	»
Le Pardon du Moine. 7ᵉ édition, 1 vol. in-18 jésus.	3	»
Les Chevaliers de l'Écritoire. 1 vol. in-18 jésus....	3	»
Zacharie le maître d'école. 5ᵉ édition, 1 vol. in-12.	2	»
Les Parias de Paris. 2 vol.....................	6	»
La Route de l'Abîme. 5ᵉ édition, 1 vol. in-12......	3	»
Le Cloître rouge. 1 vol. in-12....................	3	»
La Maison du Sabbat. 1 vol. in-12.................	2	»
Les Héritiers de Judas. 1 vol.....................	3	»
Le Juif Ephraïm. 1 vol. in-12....................	3	»
Parasol et Compagnie. 1 vol. in-12................	3	»
La Cendrillon du village. 10ᵉ édition, 1 vol........	2	»
La Fille du Coupeur de paille. 10ᵉ édition, 1 vol...	2	»
Le Capitaine aux mains rouges. 10ᵉ édition, 1 vol.	2	»
L'Odyssée d'Antoine. 10ᵉ édition, 1 vol. in-12......	2	»
Comédies, Drames, Proverbes. 1 vol..............	2	»
Le Marquis de Pontcallec. 6ᵉ édition, 1 vol........	3	»
La Foi jurée. 7ᵉ édition, 1 vol. in-12..............	3	»
La Conscience. 5ᵉ édition, 1 vol. in-12............	2	»
L'Aboyeuse. 1 vol................................	2	»
La Péruvienne. 1 vol............................	3	»
La Fille sauvage. 1 vol..........................	3	»

Beaugency. — Imp. Laffray.

ZACHARIE

LE
MAITRE D'ÉCOLE

PAR

RAOUL DE NAVERY

NEUVIÈME ÉDITION

LIBRAIRIE BLÉRIOT
HENRI GAUTIER, Successeur
55, QUAI DES GRANDS-AUGUSTINS, 55
PARIS

Tous droits réservés.

A MADAME

LA COMTESSE D'INCOURT DE METZ

SOUVENIR D'UNE INALTÉRABLE AMITIÉ

RAOUL DE NAVERY.

ZACHARIE LE MAITRE D'ÉCOLE

PREMIÈRE PARTIE
AUBE

I

JEAN LOUP LE TISSERAND.

Dans la maison des Pierriers un homme arpentait la salle basse avec agitation. Il jurait, blasphémait, frappait les meubles du poing et du bâton. La femme, n'osant affronter la sauvage ivresse du mari, restait droite près du lit clos et de la table qui pouvait au besoin lui servir de défense. Les enfants pressés l'un contre l'autre formaient un seul bloc, la tête enfoncée dans les épaules, regardant entre leurs doigts si le terrible bâton du père ne menaçait point leur dos.

Chaque fois que Jean Loup le tisserand revenait du marché de Josselin, l'ivrogne rapportait à sa femme la brutalité d'un fou et d'un bourreau. Sa raison restait au fond de son dernier moc de cidre. Disposé à voir des ennemis dans tous les siens, il traînait sa femme Tiphaine par ses longs cheveux jaunes et frappait les enfants sans pitié ; il les frappait parce que cette femme et ces enfants lui appartenaient et qu'il était ivre. Aussi, bien avant dans la nuit, quand les gens du pays entendaient des vociférations, des cris, des sanglots, sortir de la maison des Pierriers, haussaient-ils les épaules en disant :

« Voilà les Loups qui hurlent ! »

D'abord, mus par un sentiment de compassion, de robustes garçons tentèrent de défendre les faibles contre ce forcené ; mais ils sortirent du logis en portant de si rudes traces du bâton de Jean Loup que pas un ne recommença ce rôle pacificateur. Il faut l'avouer, du reste, la famille tout entière ne tarda pas à tomber dans le même mépris que son chef. On s'accoutuma donc aux bruits, aux scènes violentes des Pierriers, et si l'on rencontrait dans un chemin Tiphaine le front blessé ou les enfants montrant à travers les trous de leurs guenilles leurs épaules bleuies par les coups, on ne songea plus à les questionner.

Le tisserand et les siens furent mis au ban du village ; et, sauf pour les choses du métier, jamais un paysan n'adressait la parole à Jean Loup, jamais une paysanne ne causait avec Tiphaine.

Jean Loup avait appris de son père l'état de tisserand et il hérita de son métier. Mauvais état, triste besogne dont les profits ne compensent pas la fatigue.

Jean Loup à vingt-deux ans passait pour un beau

garçon. Si son état rapportait peu, il permettait au moins de croire que le tisserand aimerait son intérieur et garderait des mœurs paisibles. Tiphaine, dont les parents venaient de mourir et qui apportait en dot le domaine des Pierriers, ne repoussa point la demande en mariage de Jean Loup, et subitement celui-ci se trouva fermier. Oui, mais fermier ignorant la culture et obligé de prendre deux valets pour labourer le bien de sa femme. Tiphaine, comptant sur les profits du métier joints aux revenus du domaine, pensa qu'elle pouvait s'accorder une servante et vivre tranquillement occupée à regarder battre le beurre et à remplir la crèche de fourrage. Jean Loup ne trouva rien à objecter à ces arrangements intérieurs. Il s'épanouissait trop dans sa nouvelle fortune pour ne point se montrer conciliant à l'égard de celle qui lui procurait de si vives satisfactions d'amour-propre. Les nouveaux époux ne ressentaient pas une violente tendresse, n'éprouvaient pas même l'un pour l'autre cette sympathie qui devient la base de la confiance ; mais ils voyaient devant eux un avenir prospère, et tous deux avaient vingt ans !

Tiphaine devint mère d'une fille. On se mit en frais pour le baptême. Sous le prétexte de s'occuper exclusivement de l'enfant, la mère cessa de surveiller les domestiques. La récolte produisit moins qu'on ne l'espérait. Le domaine des Pierriers n'avait pas volé son nom : il contenait autant de cailloux que de mottes de terre. Un labour incessant triomphait seul de la mauvaise qualité du sol qui dévorait l'engrais, demandait de l'eau et payait maigrement le propriétaire de ses peines. Cependant, le père de Tiphaine lui faisait produire des moissons dont s'étonnaient les voisins. Mais le bonhomme se levait avant l'aube, fumait, arrosait, retournait le sol, l'enrichissait de mainte charretée de terre arable prise dans des terrains vagues, améliorait sans fin et se réjouissait de son œuvre, car il avait créé des champs de blé avec une lande aride, et trouvé le moyen de bâtir une ferme qui ne devait rien à personne.

Tout changea de face quand deux valets maigrement payés, mal nourris, traités avec aussi peu d'amitié que les chevaux de labour, furent chargés de garder les Pierriers en rapport : on vit baisser le total du rendement des foins et du blé. Le bétail dépérit faute de soins intelligents ; le fumier manqua, il eût fallu de l'argent pour en acheter : on préféra s'en passer. Malheureusement à mesure que le domaine perdait de sa valeur, le goût de la propriété grandissait chez Jean Loup ; quelques champs et un bout de pré joignant son terrain s'étant trouvés à vendre, il les acheta à crédit, pensant payer les intérêts et amortir le capital grâce aux produits de la terre. Il n'en fut rien ; les termes des paiements arrivés, on emprunta sur le domaine, qui devint garantie de la dette. Les créances rongèrent le sol lentement, sûrement, comme une taupe creuse ses galeries sous un pré. On eut bientôt de la peine à régler les gages des domestiques. Personne ne se souciait de servir chez Jean Loup ; il ne trouva pour valets que des garçons chassés des fermes et des villages d'alentour.

Les récoltes s'amoindrissaient à tel point que la terre appauvrie valait à peine la culture. Il fallut renvoyer les serviteurs. Tiphaine garda deux vaches et quelques moutons qui vaguèrent dans les champs redevenus à l'état de landes. Jean Loup, courbé sur son métier, ne perdit pas l'orgueil avec l'aisance. Il aurait pu se sauver de la ruine en vendant les terres : il les garda par un faux orgueil, encouragé du reste par Tiphaine, qui l'accusait de l'avoir réduite à une condition misérable, elle qui avait pour dot un domaine de quinze arpents. A ces reproches, Jean Loup répondit que si Tiphaine eût rempli ses devoirs de maîtresse de maison, tout aurait bien marché ; mais elle avait voulu se croiser les bras au lieu de s'occuper de la laiterie, du lin, du chanvre. Quant à lui, jamais il ne s'était absenté, et il restait à son métier comme un galérien. Cela était vrai ; mais Jean Loup oubliait d'ajouter qu'il laissait dans tous les cabarets de la route le profit de ses ventes.

A cette époque il cultivait encore du chanvre et du lin, achetait du fil aux fermières et tissait à son compte de la toile qu'il revendait aux marchands. Il fut obligé, faute d'argent, d'agir d'une autre manière et de travailler à façon. On lui portait du fil bien pesé, il devait rendre en échange un nombre déterminé d'aunes de toile. Souvent les paysans le payaient en journées de charrois, de labour, depuis qu'il n'avait plus ni chevaux ni valets. Ses champs fournissaient le froment, le blé noir et les pommes de terre nécessaires à la famille ; mais il fallait vendre souvent une partie de la récolte afin de se procurer du cidre, des vêtements, un peu de viande et du bois.

La misère amena la dégradation morale, puis la haine.

Les époux se regardèrent comme deux forçats à vie, liés à la même chaîne ; cette chaîne formée de cinq anneaux, c'étaient les enfants.

Les innocents portaient le poids de la brutalité du père traduite par des coups, de l'irascible caractère de la mère toujours disposée à les chasser du logis qu'ils remplissaient de demandes faméliques, de larmes et de querelles. Repoussés par la mère, par le père, ils en vinrent à se détester entre eux ; les plus petits s'opprimaient, les aînés se vengeaient par des méchancetés sournoises. Quand ils se tiraient trop les cheveux ou se mordaient à trop rudes dents, le tisserand se levait, prenait sans rien dire le bâton de cormier et frappait au hasard sur le groupe d'enfants ; les cris, les sanglots, les trépignements commençaient ; la mère survenait armée d'une houssine, les chassait tous dehors quelque temps qu'il fît ; ils couchaient dans les meules, grimpaient dans le fenil ou couraient dans le bois de la Nouée demander l'hospitalité aux charbonniers nomades.

Nous avons dit que Tiphaine et Jean Loup avaient cinq enfants. Barbe, l'aînée, était une fille de douze ans grande, bien découplée pour son âge, rousse, agile comme un écureuil et fine comme une martre. Elle grimpait aux arbres comme un garçon, rendait des points à ses frères dans l'art de faire la roue sur les grandes routes, imitait le chant de tous les oiseaux, trouvait au fond de son bissac plus de mauvais tours que de croûtes de pain, se faisait une joie de pousser à mal les chèvres des voisins en leur fournissant l'occasion d'ébrancher les jeunes arbres, ouvrait les barrières devant les vaches afin de les induire en tentation de brouter le sainfoin d'autrui ; puis la mauvaise enfant, après avoir joué ces malices, cherchait Rousselot, le garde champêtre, et lui criait :

« Hé ! le vieux ! il y a un fameux procès-verbal à dresser contre les bestiaux d'un tel ! »

Rousselot courait de ses deux jambes, dont l'une n'usait ni souliers ni sabots, car elle était de cœur de chêne, constatait le méfait des vaches et des chèvres, griffonnait un procès-verbal et faisait sa grosse voix chez les parents ou les maîtres des chevriers et des vachers. On finit par deviner que toutes ces méchancetés venaient de Barbe, la petite Louve, comme on disait ; mais le moyen de la prendre en flagrant délit ! Si elle reçut quelques corrections des pastours, Barbe ne s'en vanta mie, et tant de coups bleuissaient son dos et ses bras par le fait de son père qu'une raclée de plus ou de moins n'y devait point paraître.

Sa sœur Colette ne lui ressemblait en rien : petite brune, à figure de fouine, parlant bas, avec lenteur, et finissant ses phrases par une sorte de psalmodie, Colette pouvait au premier abord inspirer moins de répulsion que sa sœur ; mais quand on l'étudiait mieux, on la redoutait davantage. Timide autant que Barbe se montrait hardie, Colette ne causait point de nuisance apparente aux gens qui la repoussaient ; mais elle s'en vengeait à la sourdine. L'hypocrisie la servait alors mieux que la colère. Un matin ayant été chassée d'une ferme à la porte de laquelle elle demandait l'aumône, Colette fut, vers le milieu du jour, trouvée par la fermière dans le champ où paissait le troupeau ; l'enfant tenait son tablier gonflé d'herbes à portée du mufle rose d'une belle vache tigrée qui se régalait à loisir.

« Tiens, pensa la fermière, cette petite vaut mieux que je ne croyais, je me suis montrée dure pour elle, et je la trouve occupée à me rendre service ! »

Et la brave femme, courant à sa maison, rapporta dans un panier des œufs et de belles pommes rouges pour la Colette. La petite remercia, puis quand la fermière se fut éloignée, Colette se mit à rire :

« Au surplus, cela fera valoir la mère Limace ; il faudrait que saint Cornély protégeât joliment les bêtes de la Hulotte, pour que la tigrée ne fût pas malade des herbes que je lui ai cueillies ! » Puis, au détour de l'échalier, trouvant une vieille femme boiteuse des deux jambes et se traînant le long des chemins plus qu'elle ne marchait, ce qui lui valait le nom méprisant de mère Limace, Colette lui cria :

« Je ne sais qui a jeté un sort aux bêtes de la Hulotte, mais vous aurez de l'ouvrage de ce côté ou je ne m'y connais guère ! Après ça, c'est peut-être l'Homme à la Peau-de-Bique qui a fait le coup !

— Vipère ! répartit la mère Limace, le petit doigt de l'Homme à la Peau-de-Bique vaut mieux que tout ton corps, méchante graine de fainéants !

— Je sais bien que vous vous entendez comme larrons en foire et diables en enfer : il jette des sorts, vous les levez ; il donne les fièvres, vous récitez des oraisons ; et les soirs de sabbat, vous partagez les profits. C'est égal, vous devriez bien vous servir tous les jours du balai sur lequel vous chevauchez le samedi, vous iriez un peu plus vite. »

Le lendemain, en effet, la belle vache tigrée de la Hulotte était enflée et malade : Colette s'était vengée.

Barbe et sa sœur opprimaient, torturaient l'enfant né après elles. Zacharie, pâle, chétif, inoffensif, restait leur souffre-douleur. Quand il vint au monde, on ne l'attendait pas, on ne le désirait pas. Tout ce que le cœur de Tiphaine pouvait renfermer de sentiments maternels s'étant épuisé sur Colette et Barbe, soit appauvrissement de santé, soit lassitude de tendresse, la femme de Jean Loup refusa de nourrir son troisième enfant ; une brebis brune devint sa nourrice et l'éleva en même temps que son agneau. Zacharie vécut longtemps entre la vieille brebis caressante et l'agnelet bondissant ; le nourrisson prit-il un peu de la douceur de ses compagnons, ou naquit-il avec un caractère meilleur ? toujours est-il que l'enfant à qui l'on donna le nom de Zacharie ne ressemblait nullement à ses sœurs. Elles se vengeaient sur lui des gronderies et des coups de Tiphaine et de Jean Loup. Zacharie, ne pouvant trouver de secours et de refuge dans les bras de sa mère, courait alors près de la brebis, se suspendait à son cou, et lui criait de le défendre ; mais la pauvre bête ne pouvait que bêler faiblement et regarder avec ses grands yeux doux les enfants cruels. Zacharie grandit sans devenir hardi pour se défendre, et sans oser partager les jeux de ses sœurs. Un quatrième enfant, Sabin, détourna un moment de lui l'inimitié de Barbe et de Colette ; lorsque Moucheronne, la dernière petite fille, vint augmenter la famille, on la regarda comme un fléau, et Zacharie, voyant un être encore plus malheureux que lui, se mit à protéger la pauvrette. L'accroissement de la famille doubla la misère dans la maison de Jean Loup. A partir de la venue de Moucheronne, la mendicité, à laquelle on avait recours dans de rares extrémités, fut régulièrement organisée. Dès le matin Tiphaine jetait un bissac sur le dos des trois aînés et chassait les cinq enfants à jeun de la maison.

« Mangez où vous trouverez, » disait-elle.

Les petits malheureux se séparaient au hasard : parfois Barbe consentait à traîner Sabin accroché à ses jupes, et Zacharie prenait la Moucheronne dans ses bras. Les enfants recevaient au départ une seule consigne : rapporter deux sous d'argent et des provisions dans le bissac. Cette dernière recommandation ne présentait pas de grandes difficultés à remplir ; dans une ferme l'enfant recevait une galette, ailleurs quelques pommes de terre, parfois un *chanteau* de pain, des fruits de la saison. Mais le numéraire est un mythe à découvrir dans les campagnes ; le paysan garde l'argent pour ses fermages et les achats indispensables. Il fallait compter sur les châteaux et ils sont rares dans le pays, sur les foires des environs attirant les curieux, sur le passage des diligences et des voitures, surtout sur les courses à Josselin. Mais cette petite ville, habitée par des bourgeois qui se croient riches avec deux mille livres de rente, des fonctionnaires inconnus les uns aux autres et de petits marchands vivotant d'un gain aléatoire, n'offre pas grande ressource aux quémandeurs. On n'y fait d'ailleurs l'aumône que les jours de marché : il faut de l'ordre en toute chose. Alors à la porte ou plutôt à la fenêtre du rez-de-chaussée de chaque maison se présentent un à un les pauvres des environs ; la maîtresse de maison ou sa fille aînée met une petite pièce de monnaie dans la main des malheureux, et le défilé des pauvres se poursuit jusqu'à la fin du marché. Barbe et Colette étaient assez intelligentes pour ne remettre sur la recette du marché que les deux sous réglementaires, conservant le surplus pour le lendemain et même les jours suivants si la récolte avait été bonne ; mais Zacharie, plus naïf, donnait en rentrant au logis la totalité de la recette : cinq, six, huit sous ! ce qui ne l'empêchait point d'être battu le lendemain s'il n'apportait pas d'argent.

Les enfants revenaient à la nuit, harassés de fatigue, pliant le dos sous le poids du bissac gonflé. A l'aumône volontaire ils ne manquaient guère de joindre la maraude. Si une poule égarée s'en allait pondre à l'abri d'une haie et que Barbe vînt à passer les jambes nues, sa chevelure rousse au vent, elle s'arrêtait, guettait la galline, lui émiettait traîtreusement du pain, et quand la pauvrette picorait en toute conscience, Barbe la saisissait par le cou, l'étranglait et la fourrait palpitante et chaude dans son bissac. D'autres fois on gaulait des noix, on abattait des châtaignes dans la coque verte, épineuse, fendillée par le fruit brun. On coupait un chou, on arrachait des navets dans un champ de blé noir. Plus d'un paysan affirmait qu'il aimerait mieux avoir vingt moineaux dans son chaume, cent taupes dans ses prés, et tous les mulots du bon Dieu dans son domaine que de voir la famille des Loups dans la commune de la Gréée. Zacharie, qui n'aurait jamais songé à voler, n'apportait que le produit de l'aumône et des fruits des buissons : les faînes, les mûres, les baies d'églantier, les prunelles noires et acides; aussi son bissac soulevait-il, à l'inspection, des explosions de colère auxquelles l'honnête enfant ne comprenait rien; car si la famille des Loups tolérait la maraude et l'encourageait tacitement, elle n'osait encore conseiller le vol.

« Vois tes sœurs, se contentait de dire Tiphaine à Zacharie; elles gagnent leur souper au moins ! »

Zacharie aura bien pu répliquer que ni lui ni la Moucheronne ne pourraient manger à leur repas le profit de la journée; mais il savait par expérience qu'à toute objection le bâton de cormier trouvait une réplique démonstrative, et il se contentait de courber la tête avec humilité.

Dès que le jour baissait de façon à ne plus lui permettre de pousser la navette, Jean Loup quittait son métier, redressait sa taille fatiguée, détirait ses bras maigres, faisait claquer ses doigts osseux et s'avançait sur le seuil de la porte. Il guettait les enfants. A mesure que l'un d'eux arrivait, le tisserand disait d'une voix brève :

« L'argent ! »

L'enfant tirait du fond de sa poche ou du nœud d'un chiffon qui lui servait de mouchoir les sous exigés, puis les remettait au père, qui les enfouissait dans le gousset de son gilet. De la salle assombrie, la mère épiait; en voyant l'argent passer dans les mains de son mari, elle poussait un gloussement sourd, et attendait son tour pour récolter le produit de l'aumône. On vidait le bissac sur la table; suivant son contenu, l'enfant était loué ou battu. Il se passait environ une demi-heure avant que les petits mendiants se trouvassent rassemblés. Lorsque les provisions étaient divisées, rangées, mises à part suivant leur nature, Tiphaine poussait Barbe du côté du bûcher afin qu'elle apportât la fougère sèche et les fagots, mettait le seau dans la main de Colette en lui ordonnant de chercher l'eau au puits, criait à Zacharie et à Sabin de souffler le feu, pendant que Moucheronne grattait les carottes et pelait les pommes de terre ; puis bruyamment, en fêlant une écuelle, cassant une assiette ou enlevant l'anse d'un broc, Tiphaine mettait le couvert. Le souper cuisait, Barbe poussait le bois et la fougère sous la marmite, Jean Loup saisissait un charbon avec sa pip... le cuivre et fumait de mauvais tabac; les enfants, blottis dans la cheminée creusée en niche de chaque côté, dégourdissaient leurs membres roides de froid ou nouaient les fils des têtes de toile, tout en se poussant au coude et se tirant les cheveux.

On soupait sans gaieté, souvent en silence. D'autres fois Tiphaine interrogeait les enfants sur ce qu'ils avaient vu dans les fermes ; Barbe parlait de ses rencontres avec Rousselot, le garde champêtre, ou Limace, la *leveuse* de sorts ; Colette riait en racontant ses méfaits ; Zacharie, la plupart du temps, n'avait rien à dire, sinon que lui et Moucheronne s'étaient, pendant une ondée, réfugiés dans la niche d'un grand chien de basse-cour dont ils avaient partagé le déjeuner ; ou bien que sa petite sœur ayant trouvé une sauterelle, il l'avait enfermée dans une cage de jonc. Un jour tous deux, assis sous un grand mûrier, avaient poussé un cri d'étonnement et de joie en voyant un oiseau bleu, rouge et jaune dont ils ignoraient le nom, se poser à terre et s'approcher d'eux familièrement. Même Zacharie ayant mis dans le tablier de sa sœur des noisettes qu'il brisait pour elle entre deux pierres, l'oiseau, avançant sa patte rosée, les avait adroitement saisies puis cassées de son bec crochu. Ce jeu amusait tellement Moucheronne que ses noisettes régalèrent l'oiseau sans qu'elle songeât à en manger. Peu après l'Homme à la Peau-de-Bique avait paru, et l'oiseau, l'appelant par son nom, s'était envolé sur son épaule.

« Ne t'a-t-il point parlé, l'Homme à la Peau-de-Bique ?

— Il m'a demandé qui nous étions, et après il a ajouté... Ce n'est pas ta faute ! puis, me jetant deux sous, il est parti avec l'oiseau.

— Deux sous, grommela Jean Loup, un homme qui a des milliers de louis dans des peaux d'anguille ! Vieil égoïste ! »

Le souper fini, le tisserand prenait son bâton et sortait sans rien dire. Il allait au cabaret boire l'argent recueilli par les enfants, puis il rentrait ivre, féroce. Si personne ne lui parlait, il tempêtait seul, jusqu'à ce que, exaspérée de son injustice, de ses cris, de ses reproches, Tiphaine rendît injure pour injure ; alors il s'approchait d'elle, la bouche écumante, le bâton levé. Elle détournait l'arme, saisissait une pelle, un chenet, n'importe quoi ! Tous deux se battaient. Les enfants se glissaient hors de leurs berceaux, rampant derrière les meubles pour se dérober à la rage de l'ivrogne ; mais si Jean Loup n'atteignait pas la femme, il se vengeait sur les petits. Tiphaine les défendait quelquefois, moins par amour que par volonté de braver son mari, de contre-carrer sa volonté. Les enfants le sentaient trop pour s'en montrer reconnaissants. On se lasse de tout, même de battre sa femme : Jean Loup, ivre de cidre et d'eau-de-vie, roulait sous la table ou tombait sur un banc ; puis ses ronflements remplissaient la chambre. Tiphaine alors s'endormait avec les enfants. Parfois la querelle durait toute la nuit... et toute la nuit les Loups hurlaient...

RENCONTRE NOCTURNE.

Le repas vient de finir ; les enfants se dirigent vers la cheminée et se blottissent à leur place ordinaire. Zacharie, retardé par Moucheronne, arrive le dernier, et va prier ses sœurs de lui permettre de s'asseoir dans la niche quand le tisserand l'appelle d'une voix rude :

« Crois-tu n'avoir rien à faire qu'à te chauffer les jambes, paresseux ? Prends ton chapeau et cours chez Benoît Janvier ; tu diras à la femme de te remettre les écheveaux de fil qui manquent pour achever sa pièce de toile. »

Zacharie ne répond rien et baisse la tête.

« M'entends-tu, méchant drôle ?

— Père, dit l'enfant d'une voix tremblante, si vous vouliez, je ferais cette course demain... il est si tard, il fait si noir... J'ai peur !

— Peur, un garçon de ton âge ! peur de quoi ? des Korigans et de l'Homme à la Peau-de-Bique ? Je vais te montrer de quoi tu dois avoir peur ici... »

Jean Loup prend le bâton de cormier.

Mais la terreur de l'enfant était si vraie qu'elle domina l'appréhension de la douleur physique.

« Il fait froid, si grand froid... père ! ajouta-t-il avec un accent plein de prière... je me lèverai à la première aube, vous aurez le fil de bonne heure... La maison est si loin à travers landes et friches, je ne retrouverais pas ma route... »

Le visage de Jean Loup prit une expression terrible ; il marcha sur son fils le bâton levé, et l'instinct de la conservation fut cette fois plus fort que la terreur du froid et de la nuit : Zacharie ouvrit la porte et disparut.

Pas de lune, pas d'étoile au ciel; l'enfant connaissait la ferme de Benoît Janvier, et ne mentait point en affirmant que le chemin était difficile. Il fallait suivre la route coupée d'ornières, grimper sur des talus détrempés par la pluie, franchir des échaliers, traverser des champs de landes piquantes, éviter un marécage dans lequel on enfonçait jusqu'aux genoux, et tout cela pendant la nuit qui double la longueur de la route en la peuplant de fantômes. Zacharie avait dix ans... Le pauvre petit, autant pour avoir moins froid que pour oublier ses terreurs, se mit à courir de toutes ses forces. Plus d'une fois il se heurta le front contre un tronc d'arbre, plus d'une fois il glissa dans un fossé ; mais il reprenait bien vite sa course, et au bout d'une heure la ferme plantée de côté dans le centre d'une lande lui montra de vagues lumières à travers les jointures des portes et des volets. Zacharie sans souffle, sans force, heurta de ses mains bleuies à l'huis clos de la maison; une servante tira le loquet et l'enfant se précipita dans la salle plutôt qu'il n'y entra. La maîtresse, assise près de l'âtre, filait au rouet; le fermier durcissait au feu une paire de sabots; des fillettes rieuses cassaient des noix, tandis que le plus jeune des garçons gravait en creux avec la pointe de son couteau des arabesques folles sur une boîte à sel.

Zacharie n'osait avancer; la servante le poussa du côté de la fermière.

« Que veux-tu? demanda Benoît presque sans le regarder.

— Ce n'est point votre affaire, notre homme, répondit la maîtresse; c'est un des Louveteaux qui vient chercher du fil. »

Le fermier continua de surveiller sa paire de sabots; la fermière se leva, puis saisit sur l'armoire de gros paquets de fil de chanvre.

Personne n'invita Zacharie à s'approcher de la cheminée où flambaient des broutilles et des fagots de genêts; on le laissa seul, sans plus le regarder et lui parler que s'il était un vrai louveteau. Ce nom lui tintait aux oreilles et lui retombait sur le cœur. On ne le comptait pas comme un enfant, mais comme une bête malfaisante !

La fermière posa son fil sur la table, compta les écheveaux, les lia ensemble, puis elle dit à l'enfant :

« Tends les bras ! »

Zacharie avança les mains et reçut une si lourde charge de fil qu'il chancela sous le faix.

« Allons, détale, ajouta la maîtresse, et dis à ton père qu'il me faut ma toile dans huit jours. »

Le pauvre enfant essaya d'équilibrer son fardeau sans y réussir; il trébuchait en marchant et se demandait comment il allait faire dans les chemins effondrés et les champs d'ajoncs. Mais on ne lui laissa pas le loisir de songer aux misères qu'il devrait affronter; la servante ouvrit rapidement la porte, le poussa dehors, et referma les deux battants avec d'autant plus de rapidité qu'une bouffée de vent glacial pénétra dans la salle et causa un frisson à la fermière et à ses filles.

Sur le seuil dont on le chassait, Zacharie s'arrêta pétrifié par l'angoisse : la neige tombait... Elle tombait doucement encore, par flocons légers comme des plumes blanches; mais elle pouvait épaissir et que deviendrait Zacharie dans ce tourbillon? La pensée lui vint de rentrer chez les Janvier et d'implorer la permission de coucher dans l'étable; il songea au bâton de cormier et reprit sa route. Zacharie ne cachait plus comme auparavant ses mains sous ses aisselles pour les défendre du froid; il était obligé de les garder tendues afin de soutenir le poids des écheveaux de chanvre. La neige tombait drue, en gros flocons; Zacharie ne pouvait ni la fuir ni la secouer; elle transperçait ses habits, elle alourdissait son paquet de fil, elle entravait sa route. De temps en temps un bruit sourd, un hurlement où la plainte se mêlait à la colère, s'élevait au loin dans les profondeurs de la forêt; c'étaient les loups affamés qui se mettaient en quête; alors Zacharie essayait de courir, mais la neige embarrassait sa marche; il portait un poids énorme à ses souliers déchirés ; quand il avait fait deux pas en avant il reculait, glissait, tombait, roulait avec son lourd paquet sur le sol nivelé et, gagné par le froid, croyait s'engourdir dans la mort. Vingt fois l'enfant se releva, placé entre la crainte de son père et la terreur des loups dont il croyait voir flamboyer les prunelles ; mais à chaque chute nouvelle ses forces diminuaient ; la neige ne paraissait plus tomber tant elle devenait épaisse, elle formait un nuage, une masse compacte.

Une fois encore le pauvre petit glissa, sa tête tomba sur le paquet de chanvre, il crut s'endormir... alors une vague pensée lui vint de ces anges que l'on dit habiter le paradis et qui sont chargés de recueillir l'âme des petits enfants... Si un bel ange aux ailes d'or le prenait dans ses bras pour le réchauffer aux douces flammes d'amour du paradis ?... Mais dans la fièvre de son agonie le souvenir d'un mot terrible ravit à cette créature innocente l'espoir de la joie surhumaine.

« Oui, se dit-il, l'ange descendra, croyant voir un enfant, mais après m'avoir regardé il s'envolera tout seul au ciel pour dire au bon Dieu : ce n'était rien qu'un Louveteau... »

Et comme il fermait les yeux, Zacharie crut voir briller une clarté lointaine : serait-ce l'ange ? Un loup erre-t-il dans la plaine glacée ? Zacharie se soulève, regarde, regarde encore... c'est bien une lumière en effet, et l'enfant est debout ; la lumière s'agite, Zacharie reprend les écheveaux de fil, secoue la neige qui couvre sa chaussure, et, le cœur palpitant, il veut courir, il appelle, précipite sa marche au hasard, car pour lui il n'est plus de route connue, et la steppe de neige lui semble aussi vaste que l'univers puisqu'il se sent isolé et perdu... Sa voix s'étrangle dans sa gorge, le froid gerce ses lèvres, les larmes se figent à ses cils, et cependant il marche, il appelle... On dirait que la clarté lui répond à sa manière; elle s'agite, s'approche... Si c'était un feu follet ? Si une âme en peine errait dans la tourmente de neige?... Et quand même maintenant ce serait bien une clarté humaine qui frappe les regards de Zacharie, à quoi bon ? Le Louveteau s'affaisse pour ne plus se relever ; le son qui s'échappe de sa poitrine brisée est un râle de mort, ses membres se roidissent, et la neige qui tombe, tombe toujours, lui fait un linceul blanc...

Le fils du tisserand ne s'est pas trompé : la lumière s'approche; cette lumière est celle d'une lanterne portée par un homme dont les pas hésitent, et qui promène sur ce sol la clarté rougeâtre brillant à travers la corne transparente afin de chercher l'enfant perdu dont il a cru distinguer les cris. La neige, qui épaissit l'air et nivelle le sol, rend sa mission difficile ; il ne se rebute pas cependant, et pour l'aider, il appelle son chien qu'il flatte d'une main caressante. L'animal flaire, l'homme regarde... La bête pousse un aboiement lugubre et s'arrête; l'homme pose sa lanterne sur le sol et aperçoit une tête d'enfant pâle et violacée émergeant seule sur l'étendue de neige... le fil formant un oreiller à la pauvre créature l'a préservée de l'asphyxie.

L'homme dégage l'enfant de la neige qui le couvre, le

prend dans ses bras, fait signe au chien de se charger du paquet de chanvre, et la bonne bête court en avant ; empêchée d'aboyer par son fardeau, elle se retourne souvent vers son maître en remuant la queue afin de lui témoigner à sa manière sa joie d'une rencontre si imprévue.

L'enfant est évanoui ou mort... aucun souffle ne passe sur ses lèvres glacées ; son protecteur hâte le pas, et sans nul doute il connaît bien le pays, car jamais il n'hésite sur la route à suivre, et gagne au bout d'un quart d'heure une maison morne et silencieuse. La porte s'ouvre, le chien et l'homme y pénètrent en même temps. L'enfant est placé sur un lit ; bientôt la résine fichée dans la cheminée à une cheville de bois éclaire la chambre, une flambée joyeuse jette des lueurs de feu de Saint-Jean dans la modeste demeure. En une minute, avec l'activité d'une ménagère, le propriétaire du logis a mis de l'eau devant le feu, préparé des simples dans une tasse, puis, saisissant l'enfant, il l'apporte devant l'âtre. Le chien regarde anxieux, ses prunelles semblent remplies de pitié humaine, lui aussi attend ce que va devenir cette créature roidie, tuée peut-être par la neige d'hiver !

Le vieillard s'assied sur un escabeau, prend l'enfant sur ses genoux ; alors il déboutonne sa veste trouée, son petit gilet en guenilles ; des lambeaux couleur de cendre lui tiennent lieu de chemise ; il arrache des pieds les souliers béants, et n'a point de peine à tirer les bas, car les jambes du petit malheureux sont nues sous son pantalon de toile rongé, déchiqueté par les ajoncs et les landes. Lentement, avec une maternelle douceur, le vieillard frictionne le corps engourdi pour y ramener le mouvement et la vie ; il étend une couverture sur les membres glacés, et le chien, l'humble chien qui ne veut pas rester inutile dans cette œuvre de salut, lèche les pieds de l'enfant. La flamme au foyer reflète sur le visage du petit innocent des clartés semblables aux couleurs de la vie; une infusion sudorifique est prête; l'homme entr'ouvre les lèvres de l'enfant, sépare les dents serrées et lui fait boire quelques cuillerées du bienfaisant breuvage. Un tressaillement agite le corps frêle, les doigts se meuvent, la paupière se lève, le regard s'anime : l'enfant est sauvé !

Et le vieillard tombe à genoux ; il prie et semble offrir à Dieu la créature qu'il vient d'arracher à la mort.

Oui, Zacharie est sauvé : le sang circule dans ses membres, sa respiration devient égale; mais la fatigue l'écrase, il pense être le jouet d'un rêve; peut-être, se voyant l'objet de soins assidus, lui que personne n'aima jamais, n'est-il pas loin de se croire arrivé au ciel.

Le brave homme le porte dans le lit, ferme les rideaux de cotonnade rouge, ordonne d'un geste au chien de rester sur le banc ; puis la résine s'éteint dans la fourche de bois du foyer, la flambée s'affaisse sur les cendres rouges, celles-ci pâlissent à leur tour, et la nuit règne dans la chambre, où l'on n'entend plus que le souffle du vieillard et le souffle de l'enfant, presque aussi faibles et aussi purs l'un que l'autre...

Quand Zacharie s'éveilla, le jour était grand, le soleil

jetait sur le sol une raie lumineuse. L'enfant, étonné de se sentir chaudement couché dans un bon lit, entr'ouvre les rideaux, et ses regards tombent sur Labrie, le chien qui, la veille, se montra l'égal des molosses du Saint-Bernard. Zacharie ne voyant personne à qui témoigner sa reconnaissance, et sentant son pauvre cœur plein, jette ses petits bras autour du cou de Labrie, qui lui rend ses caresses avec usure. Zacharie commence à se rappeler les scènes de la nuit précédente, la réception des Janvier, le paquet de fil; à ce souvenir il tremble d'avoir perdu les écheveaux de la fermière; mais ils sont étalés sur la table afin de sécher plus vite. Zacharie n'a pas oublié sa chute dernière dans la neige, la lumière qui dansait devant lui; mais le reste lui échappe; il croit pourtant qu'un homme à grande barbe blanche, ressemblant à une figure de saint qu'il a vue dans l'église, l'a réchauffé, caressé, embrassé; mais cette image se perd dans les engourdissements d'un bienfaisant sommeil. Zacharie distingue dans une pièce voisine un bourdonnement de voix; on croirait être dans un courtil plein de ruches. Il se sent alerte, guéri, affamé et cherche sur le lit les guenilles qui couvrent d'ordinaire ses petits membres. A leur place il trouve un pantalon de futaine, une veste de castorine, un peu trop grande, mais dans laquelle il a chaud, puis des bas de laine à côtes, des sabots dont les brides sont en peau de mouton, un bonnet feutré; et, gai comme le filleul d'une fée, Zacharie chausse et passe tout cela, en disant que s'il rêve, il voudrait bien rêver toujours. Il est debout dans la grande chambre vide, le chien tourne autour de lui et le caresse ; le bourdonnement des voix augmente ; certes ce ne sont pas des abeilles !

Zacharie marche sur la pointe du pied, s'avance du côté d'où viennent les bourdonnements, voit un loquet, le lève, et aperçoit, rangés sur des bancs, une vingtaine d'écoliers aux figures mutines, épelant, étudiant avec l'entrain du zèle et de la bonne humeur.

Le craquement de la porte a fait lever toutes les têtes ; Zacharie se recule craintif ; le chien plus hardi entre en familier de la maison, et se retourne pour voir si le nouveau commensal de son maître ne le suit pas. L'enfant hésite, mais le vieillard assis devant la haute chaire de bois lui fait un signe amical, et Zacharie tenant par contenance l'oreille du bon Labrie vient à petits pas rejoindre l'homme dans lequel il croit retrouver la figure entrevue à la lueur du foyer.

« Eh bien ! mon petit ami, lui demande le vieillard en le prenant sur ses genoux comme la veille, me connais-tu ?

— Je vous ai vu hier pour la première fois, il me semble...

— Mais je suis Patience ! le bonhomme Patience, le maître d'école.

— Ah ! fit Zacharie d'un air réfléchi, c'est ici l'école ?

— Oui, qu'en penses-tu ?

— C'est gai l'école ! et vous êtes bon !

— Et toi ? demande Patience.

— Moi, répond Zacharie en baissant la tête, je suis un Louveteau...

— Bah ! fit Patience, je te trouve tout l'air d'un enfant du bon Dieu, moi ! n'était que tes cheveux sont embroussaillés, tu gardes, ma foi, bonne mine rose, ce matin.

— Non ! non, je suis un Louveteau ! répéta l'enfant, c'est la femme à Benoît Janvier qui l'a dit. »

Les écoliers, distraits par l'entrée de Zacharie, se poussaient du coude, se parlaient bas, et Patience, remarquant leur manége, demanda :

« Eh bien ! qu'y a-t-il donc, là-bas? On se révolte contre l'alphabet, on regimbe contre la croix de Dieu ! qu'est-ce que cela veut dire ?

— Ah ! rien, maître Patience ; nous disions, répondit l'aîné de l'école, que le petit a raison, c'est le fils de Jean Loup, c'est un des Louveteaux. »

Le front de Patience devint sévère, il appela l'écolier, qui se rendit au pied de la chaire.

« Est-ce par méchanceté, par mépris, que tu as répété ce nom ? Si je le savais, Marc, je cesserais de t'aimer... Ce petit enfant qui allait hier mourir dans la neige est-il responsable de la bonne ou de la mauvaise renommée de sa famille ? Le prêtre lui a donné au baptême un nom de chrétien, honte à celui d'entre vous qui l'oubliera ! »

Marc regagna son banc d'un air plus attristé que mécontent.

« Ainsi, reprit Patience en démêlant les cheveux blonds de l'enfant, tu demeures au domaine des Pierriers ?

— Oui, monsieur Patience ; mais la maison n'est pas si gaie qu'ici...

— Eh bien ! viens à l'école avec tout ce petit monde.

— Je ne peux pas.

— Pourquoi ?

— Il faut mendier pour avoir du pain.

— Il faut travailler pour en gagner, mon enfant, voilà la vraie loi des hommes et de Dieu. Ton père ne gagne donc pas d'argent?

— Ah! si, le père est tisserand; mais l'argent, c'est pour le cabaret, ce n'est pas pour nous... »

Zacharie dit ces mots horribles de vérité avec une candeur qui leur enlevait toute idée de dénigrement à l'égard de son père.

« Et même, reprit l'enfant, il me faut courir chez nous, car le père attend le fil... seulement..

— Seulement tu n'as pas déjeuné?

— Oui, d'abord; et puis ensuite...

— Achève.

— Si vous vouliez me ramener à la maison, monsieur Patience, vous m'empêcheriez peut-être d'être battu.

— Battu! toi?... »

Patience n'acheva pas; il se souvint des traces livides et bleuâtres que la veille il avait aperçues sur les membres de l'enfant.

« Eh bien! j'irai avec toi, mon garçon! Marc, approche; je sors : pendant mon absence tu surveilleras la classe, et tu feras réciter le catéchisme; vous me promettez d'être sages, mes enfants?

— Oui, monsieur Patience! » crièrent vingt voix sur tous les tons.

A la franchise régnant sur ces jeunes visages, on sentait que les écoliers disaient vrai. Le sentiment du de-

2.

voir et le désir de plaire à leur vieux maître suffisaient pour les rendre dociles et studieux.

« Ce n'est pas tout, reprit Patience, qui est-ce qui donne son déjeuner à Zacharie? »

Toutes les mains se baissèrent vers les bancs pour y prendre les paniers du goûter.

« Moi! moi! moi! » firent les écoliers.

Patience sourit avec attendrissement.

« Bien! fit-il, voilà un bon mouvement pour un camarade malheureux; mais rendre un service est un bonheur, et le bonheur doit être une récompense en ce monde et dans l'autre... les deux plus sages de la classe depuis huit jours sont autorisés à disposer du contenu de leurs paniers. »

Il y eut parmi les enfants un mouvement charmant d'anxiété généreuse; chacun eût voulu avoir appris le plus de leçons, avoir écrit les plus belles pages pour faire valoir ses droits; Patience le comprit, et sa voix tremblait un peu quand il nomma Pierre et Luc.

Ceux-ci s'avancèrent, l'un tenant une tartine de raisiné longue comme son bras, l'autre une galette dorée et un œuf dur.

« Accepte, mon enfant, » dit le maître au fils du tisserand tout ébahi de cette aubaine.

La meilleure action de grâces de Zacharie fut la voracité avec laquelle il entama la tartine.

Alors de tous les côtés de la classe on entendit des invitations :

« Pierre, tu mangeras de mon miel; Luc, j'ai du pain frais! prends mes noix, voilà des châtaignes bouillies! »

On eût dit que chaque enfant, regrettant de ne pas offrir le déjeuner de Zacharie, voulait y participer en donnant la moitié du sien à Luc et à Pierre.

Labrie n'attend pas qu'on l'appelle; il sort en même temps que son maître, mais il marche à côté de l'enfant; le service qu'il lui a rendu en le sauvant la veille le lui a soudainement rendu cher.

Zacharie ouvre de grands yeux émerveillés. Cette neige, qui la veille lui parut si morne, si pesante, si mortelle, s'étend à perte de vue en tapis éblouissant. Tout a changé d'aspect autour de l'enfant, et dans son cœur il lui semble que quelque chose est changé aussi. Pour la première fois l'hiver inclément lui semble beau; pour la première fois il a vu des visages lui sourire et des mains amies se tendre vers lui.

Mais à ses pieds il voit le corps roide d'un petit rouge-gorge, et se baissant il le relève, le presse sur sa bouche et tente de le ranimer comme Patience le ranima lui-même... Inutiles soins! l'oiseau n'ouvrira plus ses ailes, et Zacharie qui le comprend lève sur Patience un regard humide :

« Père Patience, dit-il, s'il n'avait point neigé, je ne me serais pas perdu... S'il n'avait pas neigé, le rouge-gorge ne serait pas mort... A quoi sert la neige qui tue les oiseaux et les enfants? »

Le vieillard serre la main de Zacharie.

« Mon enfant, répond-il, la neige est la protectrice du grain caché dans le sillon... Pendant que tu vois le sol dur et glacé, le blé germe lentement dans sa coque, il la brisera pour devenir brin d'herbe au souffle du printemps. S'il n'existait ni froid ni neige, les insectes et les oiseaux dévoreraient les semailles, et le champ ne donnerait pas d'épis... Dieu n'a rien créé sans but; la neige est aussi nécessaire à la fructification des plantes que les rayons du soleil lui-même. »

Zacharie, qui avait écouté d'un air sérieux, reprit :

« Savez-vous, père Patience, ce que j'éprouve en approchant de la maison ?

— Non petit.

— Eh bien ! il me semble qu'une montagne de neige me tombe sur le cœur...

— Alors, dit Patience, en se penchant vers l'enfant pour l'embrasser, sois comme le grain de blé, humble, patient; le rayon de soleil fondra la neige et lui permettra de germer; un rayon de bonheur fera épanouir ton âme ! Tâche de garder en toi des semences d'honnêteté, de bonté, afin que le bonheur en arrivant trouve aussi une récolte à faire ! »

III

MLÉ VERT.

> L'homme naît pour le travail
> comme l'oiseau pour voler.
> (Job, V, v. 7.)

Le vieillard et l'enfant arrivèrent aux Pierriers. Patience ouvrit la porte et parut le premier. Zacharie se dissimulait derrière lui et paraissait en outre implorer le secours de l'honnête Labrie.

« Tonnerre! cria Jean Loup du fond de la chambre, avez-vous juré de faire entrer l'hiver dans cette maison? »

Le maître d'école ferma l'huis et, prenant l'enfant par la main, l'amena près de son père.

« Voici votre fils, dit-il simplement.

— Ah! te voilà, misérable fainéant, vociféra Jean Loup... Je te casserai mèshui mon bâton sur les épaules, graine de propre à rien! »

Tiphaine n'attendit pas l'exécution de la menace de son mari; elle s'avança furieuse, et deux soufflets s'abattirent sur les joues du petit malheureux.

Patience l'enleva dans ses bras pour le défendre contre de nouvelles violences.

« Ah! çà, dit-il, êtes-vous ici des chrétiens ou des loups? Je penche pour le dernier de ces noms, et encore je crains d'humilier les bêtes, car la louve ne mange pas son petit et se met en quête pour lui apporter de la pâture... De quelle chair êtes-vous donc dans cette maison? Vous avez la cruauté de maltraiter ce malheureux après avoir été assez inhumains pour l'envoyer la nuit à travers la campagne, sans vous soucier du froid qui le torturerait, de la peur qui le rendrait à demi fou, des bêtes qui abandonnent la lisière des bois pour quêter aux alentours des fermes... Si petit, si faible! vous l'avez jeté hors du logis, l'obligeant à rapporter un fardeau plus gros que tout son corps, et qu'il tirait, soulevait ou laissait rouler à terre, comme une fourmi traîne le fétu de paille dont le poids l'écrase... Savez-vous où j'ai trouvé votre enfant? roidi, glacé, enseveli déjà sous la neige... Labrie et moi nous l'avons déterré comme un cadavre... Toute la nuit je l'ai réchauffé, soigné, ranimé, et quand Dieu vous le rend par un miracle, quand je vous le rapporte, vous n'avez que des mauvais traitements à lui infliger... Tenez, cela est horrible! Jusqu'à cette heure je me refusais à croire ce que l'on racontait de votre intérieur! J'y crois maintenant, puisque je l'ai vu!

— Est-ce que l'on meurt de quelques gifles? demanda Tiphaine.

— Le corps ne meurt pas, peut-être, dit le maître d'école, mais le cœur se gonfle de tristesse, l'âme s'emplit d'amertume; d'un enfant expansif et bon, des traitements brutaux feront un être sournois, haineux,

méchant, vindicatif... Croyez-le, les sentiments pervers
s'apprennent... les qualités s'atrophient et meurent
dans certains milieux : l'enfant est naturellement imi-
tateur, son âme est une argile aisée à façonner; mon-
trez-vous bon et doux, il le deviendra; soyez hargneux,
violent, égoïste, il sera plus tard égoïste et colère.
Il faut à l'âme et au cœur de l'enfant une éducation,
comme il faut l'instruction à son esprit.

— Tout ça, c'est bon pour les riches !

— Et les pauvres n'ont-ils besoin de rien apprendre ?
Ce petit semble intelligent, envoyez-le à l'école.

— A l'école ! nous ne pouvons pas nous priver de
son travail.

— Il ne fait rien.

— Il nous rapporte !

— Parce qu'il mendie.

— C'est la façon de travailler des pauvres.

— Quand ils sont fainéants... La mendicité et le
vagabondage sont de mauvais instituteurs de la jeunesse... la loi les défend, les punit.

— La loi nous donne-t-elle du pain pour nourrir ces
scélérats d'enfants... notre désespoir, notre ruine... ?
Ah! vous croyez, vous, que chaque marmot apporte
son bonnet et sa miche !... Ah! ouiche ! il faut se dété-
riorer la santé et s'user les poumons sur ce métier pour
se tirer d'affaire vaille que vaille. Nous mangeons du
pain moisi et des pommes de terre gelées... ce que les
gros fermiers dédaignent, ce que les gorets refusent
parfois. . Notre vie est un enfer, et ces enfants nous
dévorent la moelle !

— Croyez-vous, demanda Patience, que si vos filles et vos garçons apprenaient un état, ils n'apporteraient pas plus d'argent dans votre ménage qu'ils ne le font aujourd'hui? Barbe et Colette couturières gagneraient leurs huit sous par jour, et l'aumône vous en fournit deux.

— Si elles savaient un état elles nous quitteraient.

— La loi peut vous les prendre, c'est bien pis. Un beau jour Rousselot le garde champêtre les remettra au brigadier de gendarmerie, et le tribunal de Ploërmel les condamnera à rester dans une maison de détention jusqu'à leur majorité. Avec de la probité et de l'instruction un homme peut arriver à tout; l'ignorance et la fainéantise le conduisent à la prison et même aux galères!

Tout ça, reprit Jean Loup, ce sont des raisonnements de riches!

— Le suis-je donc? demanda Patience.

— Plaignez-vous de votre sort! répliqua le tisserand en frappant son métier de la navette, vous recevez régulièrement de l'argent du gouvernement, et votre tâche consiste à faire réciter aux enfants de vieilles âneries. Ce métier vous l'exercez dans une chambre close à l'abri du soleil d'été, du givre d'hiver. Tandis que le laboureur a le front brûlé dans les grands jours, et l'onglée aux doigts durant la saison mauvaise, vous restez assis dans un fauteuil la moitié du jour et vous passez l'autre dans votre jardin! »

Patience sourit tristement.

« J'aime ce que vous appelez dédaigneusement mon métier; la seule consolation que j'y trouve est d'enseigner des vérités d'autant plus vénérables qu'elles ont traversé de longs siècles. Je ne me fatigue jamais de parler de Dieu et de ses œuvres à de jeunes créatures qui deviendront des hommes honnêtes et feront souche de braves gens. Deux, trois générations me devront peut-être dans le pays une instruction sommaire, mais suffisante, et leur affection, leur reconnaissance me payeront de mes peines. Quant au salaire du gouvernement, il me vaut moins que votre navette ou que la bêche d'un jardinier. Si je n'y ajoutais les petits bénéfices d'un état manuel, je ne saurais vivre de mes maigres appointements. Cependant je dois garder dans ma pénurie les apparences d'une sorte d'aisance, je ne puis mendier; j'ose à peine dans les temps trop durs demander un service, cela me nuirait près de mes chefs s'ils venaient à l'apprendre. Je suis pauvre, fort pauvre, mais, si humble que soit mon sillon, j'y sème de bon grain et le blé poussera. »

Patience regarda Zacharie dont les yeux s'emplissaient de larmes.

« Adieu, mon enfant, » dit le maître d'école.

L'enfant courut se jeter dans ses bras; Patience l'étreignit sur sa poitrine, puis, le posant à terre, il appela son chien et sortit de la maison de Jean Loup.

Il ne fut pas question d'aller mendier ce jour-là, mais le lendemain le bissac chargea de nouveau les épaules des enfants, et la vie quotidienne reprit son cours, plus cruelle pour Zacharie qu'elle ne l'avait jamais été. Colette et Barbe ne cessaient de lui reprocher sa couardise pendant la terrible nuit de neige et de tempête, de sorte que ce souvenir ravivait sans cesse une blessure dans le cœur du pauvre enfant.

Que de fois, tandis qu'il était blotti dans sa méchante paillasse de *flèche,* revit-il la figure sereine de Patience, l'aspect de la salle d'école et la grosse tête de Labrie!

L'hiver passa lentement; enfin les chatons se montrèrent aux branches des coudriers, de jeunes pousses rougirent les branches des rosiers, les lichens, les mousses, les lycopodes étalèrent leurs végétations variées et charmantes, premières richesses dont la terre pare son sein gonflé! Au matin, la terre amollie fumait, comme si un volcan se dissimulait sous sa surface noirâtre. Ce n'était pas le printemps encore, mais cette saison intermédiaire qui l'annonce, le prépare et console de l'hiver.

Le cycle providentiel et miraculeux de l'année commence; chaque jour produira des merveilles et des enchantements nouveaux. L'un après l'autre reviendront les exilés : l'hirondelle cherchera son vieux nid sous un chaume connu, dont elle se souvint dans ses rêves d'oiseau quand elle se balançait sur les palmiers d'Orient; l'alouette bâtit dans le creux des sillons la future demeure de sa couvée. Fauvettes et bouvreuils commenceront bientôt leurs chansons, car les arbres reprennent leur parure; c'est le printemps! la joie, la vie! Nul ne sentit mieux que Zacharie l'influence de ce printemps vivifiant. Il l'accueillit avec les transports d'une joie inaccoutumée.

Un matin l'enfant quitta les Pierriers d'un pas allègre

et se dirigea vers la maison d'école. Le pauvre enfant paraissait tout aussi misérable que le jour de sa première rencontre avec Patience, car Barbe lui avait pris ses bas de laine, Colette ses sabots, et comme on lui préférait Sabin, celui-ci hérita du pantalon de futaine et de la veste de castorine. Bien que honteux de ses guenilles, Zacharie ne se sentait pas moins heureux au fond du cœur. Il allait revoir le seul homme qui lui eût témoigné quelque amitié, et tout le long de la route il cueillit en songeant au vieillard un bouquet de primevères pareil à une énorme boule d'or.

Zacharie vit les écoliers jouant, sautant, courant sur la petite place, c'était l'heure de la récréation. Ils abattaient des quilles, lançaient des balles, dansaient des bourrées et surtout dévoraient à belles dents les provisions de leurs paniers.

Le fils du tisserand se glissa au milieu des groupes tapageurs et pénétra dans la maison ; la salle était vide, et aussi la chambre hospitalière dans laquelle Zacharie avait dormi. Mais par l'entre-bâillement de la porte du fond le petit garçon distingua la haute taille du maître d'école, et rougissant de plaisir, tendant à la fois ses joues et son bouquet de primevères, le petit mendiant s'approcha du bonhomme Patience.

« Comment, te voilà ! s'écria le vieillard ; tu ne m'as pas oublié !

— Oh! non, allez, ni vous ni Labrie, et tant que je vivrai... et l'enfant prononça ces mots d'une façon navrante, je me souviendrai de votre bonté pour moi... »

Patience travaillait en ce moment à creuser des sabots, il avait à chausser les plus petits pieds de l'endroit, et quand le temps était beau il portait ses outils dans le jardin et besognait en face de ses plates-bandes fleuries et de ses ruches bourdonnantes. L'aspect de ce courtil était charmant : de grands sureaux formaient une muraille d'ombelles de neige ; des roses grimpaient au hasard mettant leurs bouquets rouges sur ce fond blanc ; des grappes de lilas se balançaient au souffle du vent ; les carrés de fleurs entourés de cerfeuil, de jeunes salades, d'oseille, d'épinards, réjouissaient l'œil, et au milieu de ce champ diapré les abeilles butinaient, volaient, chargeant leur trompe de miel, revenant à la ruche les pattes alourdies par leur récolte de cire.

Zacharie ouvrait de grands yeux rêveurs en regardant ce tableau, et le maître d'école laissait l'enfant à ses pensées, se promettant de les diriger vers un but pratique. Le vieillard avait repris ses outils et creusait vigoureusement son sabot.

« N'est-ce pas, reprit-il, que mes petites butineuses sont charmantes ? Du matin au soir les abeilles travaillent, et je t'assure qu'elles ne s'endorment pas avant d'avoir gagné leur journée. Aussi les abeilles portent bonheur à une maison, comme les hirondelles ! J'ai lu dans un livre de voyages que les Circassiens, qui sont moitié chrétiens et moitié mahométans, honorent la mère de Dieu sous le nom de *Mélissa* et la regardent comme la patronne des abeilles, dont elle sauva la race, assurent-ils, en conservant l'une d'elles dans sa manche, un jour que le tonnerre menaçait d'exterminer les insectes. Je ne suis pas Circassien, mais, tu vois, j'ai mis une statue au milieu de mes ruches, et parfois ce bourdonnement d'ailes autour de cette image me fait songer aux anges..... N'aie pas peur des ruches, petit; seulement ne trouble pas mes ouvrières : elles remplissent la grande loi.

— Quelle loi, père Patience?

— Celle du travail; tiens, vois à tes pieds cette file de fourmis ; elles portent du bois dans leurs greniers. Regarde, au sommet de ce frêne un oiseau bâtit sa maison; aux branches de cet arbuste une chenille file sa coque de soie, et moi je creuse des sabots !

— Sans doute, mais la chenille sait filer, l'oiseau sait bâtir, l'avette construire sa cellule de cire, et quelqu'un vous a montré à faire des sabots; on ne m'a rien enseigné, à moi, sinon à tendre la main, et je la tends..... Seulement tous les jours cela me semble plus difficile, et je crois que je finirai par me laisser rouer de coups plutôt que de rester au-dessous des petites mouches et des petites fourmis......

— Fais quelque chose, dit Patience en posant ses outils et venant s'asseoir près de l'enfant, si peu que ce soit, fais quelque chose.....

— Mais quoi? quoi? père Patience, ai-je seulement le loisir d'apprendre un métier? Si je ne rapporte pas d'argent et de pain à la maison, je suis battu !

— Écoute, fit le vieillard en attirant Zacharie sur ses genoux, la reconnaissance t'a mieux inspiré que tu ne le crois ce matin. Je vais te trouver tout de suite le moyen de gagner ta vie... On exige de toi deux sous par jour; tu les auras, et même davantage... Les fossés sont pleins de violettes et de primevères : formes-en des bouquets, va les porter à la ville ; l'argent que tu recevras en échange ne sera plus le produit de l'aumône, mais le fruit de ton labeur... Tu seras un marchand des fleurs que le bon Dieu te donne pour rien ! Grâce à ce trafic, tout le monde sera content, Tiphaine, Jean Loup et ton vieil ami ! »

Zacharie poussa un cri de joie.

« Je commencerai demain ! dit-il.

— Et aujourd'hui je te garde avec moi ; je t'avancerai la somme dont tu as besoin et tu me la rendras sur tes premiers bénéfices. »

Cette journée fut un enchantement pour l'enfant. Il s'émerveillait de tous les objets qui l'entouraient, il s'intéressait aux moindres détails de la maison du maître d'école ; quand les enfants rentrèrent en classe, le petit mendiant s'assit au pied de la chaire de Patience, le chien posa sa tête sur ses genoux et l'enfant écouta les écoliers répéter les commandements d'en haut qui promettent le royaume du ciel à ceux qui ne peuvent même pas s'acheter une tombe ici-bas. Il ne comprenait guère ce langage élevé, ces vérités sublimes ; mais les paroles du Sauveur appelant à lui les petits enfants semblaient lui être spécialement adressées, et les encouragements, donnés aux humbles, aux derniers, lui remplissaient le cœur de confiance.

La volée donnée aux écoliers, Patience s'occupa de son modeste repas : Zacharie l'aida de son mieux. Ce dîner prenait pour l'enfant les proportions d'un festin. Quoi ! lui, se verrait assis devant la table couverte d'une nappe blanche! Il mangerait dans cette belle assiette à coq rouge et boirait du cidre dans un gobelet d'étain! Il écoutait chanter la marmite avec une joie infinie, le parfum du lard et du chou blanc aiguisait son appétit. Il suivit Patience dans le fruitier et le vit choisir des reinettes jaunes, ridées, embaumant comme des fleurs. Labrie immobile devant le foyer surveillait les bouillons de la marmite.

« A table, petit ! » s'écria Patience.

L'enfant courut à sa place et s'assit ; mais le maître d'école resta debout, ôta son chapeau, et Zacharie descendit de son siége, se demandant pourquoi le vieillard paraissait si recueilli. Le regard du pauvre ignorant interrogeait, et Patience se contenta de dire :

« Je prie Dieu de bénir le pain qu'il me donne. »

Et Zacharie se souvenant d'avoir vu des parents qui passaient pour bien élever leurs enfants, les corriger d'importance quand ils recevaient de leurs mains quelque chose sans dire « merci », trouva qu'il était juste de bénir de même le Père du ciel pour les bienfaits qu'il nous accorde.

Le gai dîner ! le gros appétit ! les bons rires entre ce vieillard laborieux et ce petit mendiant qui allait devenir un travailleur ! Ah ! si Patience avait été le père de cet enfant ! si ce vagabond était le fils de cet honnête homme !

« Et pourquoi pas! se demanda Patience ; il me semble que Dieu me le donne, cet agneau égaré, tondu, sans berger et presque sans bercail. Je l'adopte ! Je le fais mien ! Et je trouverai le moyen de m'occuper de lui ; qui sait même si de braves gens ne m'y aideront pas ! Ce serait grand dommage que les bêtes malfaisantes s'entendissent seules entre elles pour se soutenir et s'aider ! »

Après le dîner on retourna dans le courtil ; les abeilles dormaient, le soleil se couchait, Patience serra ses outils, donna la provende à ses chèvres, fit rentrer les poules, puis il dit à Zacharie :

« J'ai ta promesse, tu travailleras.

— Demain ! » répondit l'enfant.

Lorsque Zacharie rentra chez lui, il ne s'aperçut ni de la méchante humeur de Tiphaine ni du redoublement de malice de Colette. Il se coucha, en songeant qu'au matin il cueillerait un bouquet de violettes gros comme le bouquet de gui du cabaret où son père portait ses deux sous.

Avant le soleil Zacharie fut levé. Les nids aux violettes il les connaissait : sa récolte fut superbe. Il partit au pas de course pour Josselin et présenta ses bouquets aux fenêtres des gens qui lui faisaient habituellement l'aumône. Il ne les proposait pas, ne les vendait pas, il les plaçait sur le rebord de la croisée et il attendait. Le chiffre de sa recette dépassa ses espérances. Au retour il prépara une cachette dans le creux d'un saule et y enfouit la part qu'il se réservait. Le lendemain il recommença avec le même succès ; pendant quinze jours les violettes et les primevères le firent vivre, il s'étonnait du bonheur que l'on goûte à compter de l'argent honnêtement gagné et pensait :

« Il ne tinte pas comme l'autre ! »

Mais tout passe et se fane, les violettes se flétrirent, leurs pétales bleus, rouges et blancs firent place à des gousses remplies de graines, et l'enfant se demanda s'il ne faudrait pas recommencer à mendier.

Il prit son argent dans le saule creux et courut chez Patience. Zacharie ne savait pas compter, mais sa poche lui paraissait si lourde qu'il devait avoir une grosse somme : quarante sous peut-être! qui sait, même? la valeur d'un écu d'argent!

Patience, qui vit son protégé demi-content, demi-boudeur, apprit vite le motif de joie et le sujet de crainte.

Zacharie vida sa poche dans un sabot à demi-creusé.

« Voici d'abord vos deux sous, monsieur Patience, dont je vous remercie bien.

— Je les prends, répondit le bonhomme, car il faut s'habituer de bonne heure à payer ses dettes.

— Et le reste, combien cela fait-il?

— Cinquante-cinq sous en quinze jours, c'est beau!

— Oui, monsieur Patience, mais le bon Dieu a défleuri les violettes.

— Oublies-tu qu'il mûrit les fraises des bois?

— Je n'y songeais pas.

— C'est à découvrir tout ce qui peut réaliser un profit que tu devras t'appliquer, mon enfant; les salades poussent dans les champs de blé; le gouvernement paye pour l'échenillage, pour les hannetons; je ne te conseillerai pas d'essayer la chasse aux vipères, il te faudrait avant prendre des conseils de la mère Limace! Plus tard tu glaneras; les châtaignes des bois sont à qui les ramasse, les noisettes à qui les cueille! Prends pour toi ce qui appartient aux oiseaux ; ils ne sèment pas, et cependant la première récolte est pour eux. »

Les bois étaient feuillus, c'était une joie d'y courir au matin. Zacharie faisait lever des lièvres, voyait trotter les lapins, regardait les écureuils agiles comme des oiseaux, et trouvait des fraises sous chaque feuille de fraisier. Avec du jonc un enfant fait vite un panier, pourvu qu'il rencontre un camarade de son âge. Tous deux prennent trois brins bien longs et les tiennent dans leur bouche en riant ensemble de leur drôle de mine ; le plus habile les joint un à un sur les trois brins, leur donne un mouvement de torsion rapide et en place les extrémités dans les mains de son compagnon ; quand le panier se trouve assez grand, on lie les joncs aux deux bouts, on tresse l'anse, et le petit panier vert, dont la forme rappelle un peu celle des cloyères d'huîtres, sert à une foule de menus usages. Il est charmant, il sent bon ! Le lendemain on le jette, c'est une paille flétrie. Mais les paniers de jonc vert remplis de fraises rouges étaient si jolis à voir que Zacharie les vendit vite et mieux que ses fleurs. De nouveau le tronc du saule s'emplissait de monnaie, quand les fraisiers montèrent et la récolte cessa. Malgré cette parole de Patience que les champs donnent toujours à qui sait trouver, Zacharie revint un jour de Josselin fort attristé. Pour la première fois la course lui parut longue, il s'assit sur un talus et songea : les hannetons étaient partis, ni les cormiers ni les noisetiers ne mûrissaient leurs fruits. L'enfant pensa bien à prendre des oiseaux à la glu et à les vendre, mais cela lui parut cruel, et il renonça vite à ce moyen de gagner de l'argent.

Comme il se creusait la tête pour trouver une idée que sans doute Patience avait toute prête, Zacharie vit venir une troupe de gens ne ressemblant en rien aux habitants du pays. Les hommes avaient la peau basanée, les yeux enfoncés sous l'orbite, les cheveux crépus. Ils se drapaient dans des haillons sombres, et tenaient leur large chapeau baissé sur leur front. Les femmes couraient jambes nues sur la route. Leurs jupes effrangées étaient de couleurs vives, des bijoux reluisaient dans leurs tresses noires. L'une gardait une guitare en sautoir, l'autre guidait un âne rétif chargé de casseroles, de bassins de cuivre, de chaudrons et de vases d'étain ; la troisième soutenait sur son dos un échafaudage fantastique de paniers et de corbeilles d'osier. Les vieilles se traînaient, portant leurs besaces gonflées de choses inconnues, et tirant après elles des enfants aux yeux sauvages. Cette caravane entonnait parfois une phrase musicale, plus gutturale qu'harmonieuse, mais ne manquant pas d'un charme bizarre.

Ces gens venaient de la ville et se dirigeaient vers la campagne. Arrivés au carrefour de la Croix, ils hésitèrent sur la route à suivre. Alors une des jeunes femmes, avisant Zacharie, lui demanda :

« Petit, quel est le plus proche village ?

— La Gréée.

— En sommes-nous loin ?

— Guère.

— Drôle de façon de compter les lieues de pays... Si tu veux nous y mener, et par la même occasion me porter la moitié de mes corbeilles, je te donnerai...

— Trois sous, dit résolûment Zacharie.

— Soit ! trois sous... tends le dos, là, ne laisse rien tomber. »

L'enfant mena les Bohémiens jusqu'à l'entrée du village et leur dit : « Voilà. » Il tendit la main, reçut son argent et il allait s'éloigner, quand la fille dont il avait porté les paniers ajouta :

« Il y a de l'osier, dans le pays ?

— Et du beau !

— Nous en avons besoin pour tresser des corbeilles... Demain si tu le peux, tu nous mèneras dans l'oseraie... ce sera...?

— Trois sous ! acheva Zacharie.

— Il paraît que c'est ton prix... Eh bien ! nous nous installons ici pour ce soir, demain tu nous trouveras au même endroit.

— Puis-je encore vous aider ? »

Zacharie s'empressa de ranger les piles de corbeilles ; il alla demander du feu dans la ferme voisine, arracha de l'herbe pour le vieux cheval et pour l'âne, creusa des trous pour y enfoncer les piquets de la tente. L'aspect, le langage, les chansons de ces gens piquaient sa curiosité et l'attiraient. Il se promettait un plaisir infini à les voir raccommoder, étamer les vases de cuivre et confectionner des paniers.

A l'heure indiquée il attendait dans la lande que les filles de Bohême sortissent de la tente, les hommes avaient dormi dehors enroulés dans leurs couvertures.

Trois chansons s'échappèrent de trois bouches rieuses et les voyageuses parurent. Zacharie marchait lestement.

Les femmes l'interrogeaient en chemin sur le pays, les habitants du village, leur fortune. On arriva dans l'oseraie avant que l'enfant eût fini de donner ses renseignements.

Les Bohémiennes coupèrent l'osier, puis en enlevèrent l'écorce et formèrent de blancs et souples fagots. Zacharie ne leur refusa pas son concours pour les emporter, et le lendemain, sans y être invité, il courut rejoindre les nomades. Les bêtes paissaient l'ajonc dur; les hommes faisaient fondre l'étain dans un angle du champ et réparaient la batterie de cuisine des bourgeois et les vases de lait des fermières. Les trois filles, assises l'une près de l'autre, tressaient des paniers avec une rapidité, une grâce dont s'émerveillait Zacharie.

« Si j'en pouvais faire autant, se dit-il, je ne m'inquiéterais pas de savoir si les bois n'ont ni fraises ni violettes. »

Longtemps il hésita avant de formuler une demande téméraire; à la fin le désir d'apprendre l'emporta sur sa timidité.

Il fouilla dans sa poche, en tira les trois sous reçus la veille et les tendit à la plus jeune des Zingarelles en lui disant :

« Les voulez-vous pour m'apprendre à tresser des corbeilles ? »

La Gitane se mit à rire :

« Garde-les ! dit-elle, ce qui est donné est donné; assieds-toi et fends cet osier en deux; c'est le commencement de ton apprentissage. »

Zacharie fendit si consciencieusement le paquet

d'osier que la jeune fille lui dit, quand il se leva pour partir :

« Reviens demain ! »

Il n'y manqua pas. Afin de s'éviter un châtiment à la maison paternelle, Zacharie prit dans la cachette du saule ce qu'il était obligé de fournir au tisserand, croyant qu'il réalisait un placement magnifique en sacrifiant quelques sous pour apprendre un état.

Au bout de quatre jours d'application, d'essais, de zèle, le petit garçon confectionna une corbeille si fine, si jolie, que les Bohémiens lui adressèrent des compliments.

« Est-ce que vous savez faire des ruches ? demanda-t-il.

— Et de belles ! tu es intelligent comme un singe ; tu arriveras à quelque chose toi... faire des ruches ? c'est une idée... On élève des abeilles, ici ?

— Oui, répondit Zacharie, et je vous indiquerai les fermes où vous pourrez vendre des paniers pour les nouveaux essaims ; moi, je veux donner le mien. »

Zacharie fit une ruche belle comme un palais d'avettes et resta debout extasié devant le chef-d'œuvre sorti de ses mains. Puis, comme sur le toit d'une maison nouvelle, il attacha un bouquet à la ruche, et tout courant, sans dire bonsoir aux Gitanes, il arriva chez le bonhomme Patience.

« Que tiens-tu là, petit ? demanda le vieillard... sur ma foi, c'est une maison pour un essaim et une belle et parfaite ! Qui t'en a fait cadeau ?

— Cadeau ! je l'ai tressée et garnie de paille moi-même ; je vous l'apporte, et j'espère que vous ne la refuserez pas.

— Je n'ai garde ! répliqua Patience avec attendrissement, et le souvenir du peu que j'ai fait pour toi ne vaut sans doute point la reconnaissance que tu en gardes... Je ne t'en blâmerai point pourtant : les bonnes pensées dans les âmes se ressèment d'elles-mêmes et donnent des moissons de bonnes œuvres. Mais si tu tresses des rûchers, apporte-m'en un autre, et je te ferai à mon tour cadeau d'un essaim. »

Ce fut encore une bonne soirée pour Zacharie ; il se promena avec Patience dans la campagne. Les prés et les champs étaient tout verts. L'enfant le remarqua, et le vieux magister lui dit :

« Te souviens-tu comment le grain a été préservé dans le sillon ?

— Par la neige !

— Et toi aussi, au milieu de tes souffrances, tu as conservé dans ton cœur le germe d'une parole salutaire, et ton âme a fait comme ce champ ; la moisson est préparée, que le vent souffle des quatre coins du ciel et la mûrisse ! »

Quinze jours se passèrent ; au bout de ce temps Zacharie, passé maître vannier, ne recevait plus de leçons. Peu à peu, trouvant les Bohémiennes compatissantes et gaies, Zacharie leur dépeignit l'intérieur des Pierriers et leur raconta ses misères.

Un soir la plus jeune lui dit :

« Nous partons après-demain ; les hommes ne trouvent plus d'étamages, et nous avons achevé plus de corbeilles que nous n'en vendrons dans le département. Ton père te hait, ta mère te bat, quitte-les; tu sais un métier, et si la mendicité te fait peur et honte, te voilà certain de ne pas être obligé d'y recourir. Nous menons une vie gaie! Nous voyageons toute l'année, faisant autant de musique que de chemin! Suis-nous, tu ne le regretteras jamais!

— Je consulterai Patience, » répondit Zacharie.

En effet, l'enfant demanda l'avis du maître d'école.

« Je le sais, répondit Patience, tu supportes beaucoup de misères; mais, si peu hospitaliers que te soient les Pierriers, restes-y jusqu'à ce qu'un évènement que nous ne pouvons prévoir te donne la facilité d'en sortir avec le travail. Les Bohémiens s'entachent toujours de mendicité, de vagabondage. Ces hommes que tu as vu étamer des bassins dépouillent souvent un pays de ses vases de cuivre; faux maquignons, filous émérites, ils s'approprient sans remords le bien d'autrui. Ils t'apprendraient le mal. Non! non! reste ici! Dur est ton licou, amère est ta vie; mais sur les chemins où les Bohémiens passent, laissant le souvenir d'un vol et d'un méfait, on voit souvent paraître les gendarmes. Ils meurent ivres sur la grande route ou pourrissent dans quelque prison. La liberté dont ils prétendent jouir est une fausse liberté! ce n'est pas celle-là que je veux pour toi! et puis... »

Le bonhomme s'arrêta.

« Et puis, continua Zacharie, dites-moi, père Patience, que cela vous affligerait de ne plus voir jamais votre petit Zacharie, et vous êtes bien sûr qu'il ne s'éloignera jamais de la Gréée.

— Eh bien! oui, pour cela encore, ajouta Patience.

— Et il vous promet, pour vous, entendez-vous, pour vous seul, de travailler et de devenir un honnête homme!

— Non, fit Patience en tournant vers lui le visage ému de l'enfant, pas pour l'amour de moi, pour l'amour de Celui qui fait pousser le blé vert. »

SEMEURS D'IVRAIE.

Jean Loup traitait à Josselin une affaire de tissage; la Tiphaine pelotonnait négligemment du fil près de la porte des Pierriers. Les paysans qui passaient sur la route ne faisaient pas mine de la voir ou jetaient de son côté un méprisant coup d'œil. Enfin à travers la lande une créature à la marche inégale, traînante, se montra de loin. La Limace cueillait des herbes pour de mystérieux breuvages. Elle approcha lentement des Pierriers, et ses yeux verts lancèrent un regard plein de mépris et de haine; puis un sourire plus méchant encore que son regard entr'ouvrit ses lèvres minces, et, boitillant, secouant son torse difforme sur ses jambes mal appareillées, la Limace rejoignit Tiphaine; ces deux femmes pouvaient se comprendre, tant le vice et la misère les avaient lentement dégradées. La Limace était devenue vicieuse parce qu'elle se savait horrible. Intelligente, elle détourna son esprit de la droite voie, et le dévia comme sa taille. La Limace savait lire, écrire, compter; on affirmait que, durant une absence de trois ans remarquée de tous, mais dont nul n'avait médit, la Limace avait acquis dans une grande ville des connaissances pratiques, grâce auxquelles on lui délivra un brevet d'herboriste.

Elle se trouva obligée de produire cette pièce officielle, lors d'un procès que lui intenta un médecin de Josselin, l'accusant d'avoir guéri un malade qu'il n'avait pu soulager. Mais, loin de se glorifier de ce diplôme de capacité légale, la Limace s'en cacha comme d'une concession faite à des exigences sociales et hiérarchiques qui lui répugnaient. Elle préférait passer pour sorcière plutôt que pour une modeste et habile femme connaissant les plantes par leurs noms et sachant les administrer avec l'intuition d'un docteur. Elle affectait de faire de sa cahute un antre redoutable. Les murs extérieurs disparaissaient sous la tenture noire des chauves-souris clouées par les ailes sur les quatre côtés de la maison. En guise de frange tombaient du toit des vipères mortes pendues par le cou et dont, les soirs d'hiver, les peaux desséchées s'entre-choquaient avec un bruit sec. L'extérieur de la chaumière répondait à l'intérieur. Sur une tablette deux têtes de mort, sacrilégement dérobées dans l'ossuaire d'un village voisin, regardaient de leurs orbites béants les clients de la maîtresse du lieu. Séparé de la chambre par une claire-voie, un grand bouc noir avançait sa tête cornue, et trois pies en livrée de deuil sautillaient sur la table toujours couverte à leur intention de grains de millet.

Dans un angle était accroché le tamis de soie que l'on fait tourner pour découvrir les voleurs. Des assiettes ébréchées pleines de marc de café, des lingots de plomb servant à la divination, des livres illustrés de diaboliques images, un paquet de tarots composaient l'attirail de cette sibylle du village. Une armoire vitrée et fermée à clef renfermait des fioles, des poudres, des herbes dont les étiquettes écrites en langue inconnue pétrifiaient de terreur ceux qui les venaient demander.

La Limace ne manquait pas de clients. Pour dissimuler son double commerce, elle adjoignait à ses pratiques médicales et divinatoires un trafic varié, impur dans sa source, profitable par ses gains. La Limace prêtait à usure et achetait sous main tout ce qu'on lui voulait vendre. Le tarif de l'intérêt demeurait un secret entre l'ignoble créature et le paysan malheureux ; la transaction d'un marché conclu entre une fermière et la Limace restait également mystérieuse. Mainte femme, gênée par son mari dans son amour du luxe et du gaspillage, dérobait à son ménage du fil, du beurre, des œufs, les cédait à la Limace pour une somme au-dessous de leur valeur et prenait en échange des mouchoirs de soie ramagés, des rubans de velours, une coiffe de dentelle. Plus d'une fois un garçon porta la nuit un sac de grain volé dans la grange paternelle à la mégère de la Lande-Maudite, afin d'en avoir des sous pour boire à la prochaine assemblée. Les jeunes filles venaient lui tendre leur main laborieuse, afin qu'elle leur prédît du bonheur ; les amoureux la suppliaient de tremper leur bague d'argent dans des philtres ; les laboureurs la consultaient pour leurs bestiaux. Cependant, malgré ses vices, ses crimes peut-être, la Limace avait eu l'art de passer pour *lever* les sorts, et non pour les jeter.

Ses calomnies, habilement répandues, laissaient la renommée de meneur de loups, de sorcier dangereux, à un homme bizarre, connu dans le pays sous le nom de l'Homme à la Peau-de-Bique. Il paraissait très-frileux : en été comme en hiver il portait sa houppelande doublée de peau de chèvre, et ce vêtement l'avait tout de suite désigné aux habitants du pays. La Limace et lui étaient ennemis d'instinct; l'homme ne semblait guère s'en soucier, et le peu de peine qu'il prit pour repousser les attaques de la Limace confirma ses accusations.

La vieille femme connaissait Tiphaine. De temps en temps elle lui achetait du fil à vil prix. Quoique le chanvre et le lin remis à Jean Loup fussent pesés par les paysans, ceux-ci comptaient sur un déchet; de plus le fil était donné bien sec au tisserand; souvent il était resté sur l'armoire une ou deux années avant que la fermière se décidât à le faire tisser. La pièce de toile finie, Tiphaine trouvait toujours une raison pour expliquer une différence dans l'aunage attendu : tantôt c'était pour avoir étendu la toile dans un pré afin de la blanchir que le tissu s'était retiré, tantôt le fil n'avait rien rendu au métier, et puis la toile était très-serrée. La vérité est que Tiphaine volait du fil à celui-ci, à celle-là, et le cédait à la Limace. Ou bien, sur la maigre récolte du champ elle donnait du blé, du seigle, pour avoir une fiole d'eau-de-vie qu'elle buvait après avoir été battue, pour tâcher d'oublier. Tiphaine gardait justement dans l'armoire un écheveau de fil de lin, quand elle vit la Limace se traînant vers les Pierriers tout en moissonnant sa gerbe de plantes mystérieuses.

« Eh! vous prenez le soleil, dà! fit la Limace; le Loup est donc sorti de bonne humeur à ce midi?

— Il est à la ville, répondit Tiphaine.

— Alors nous pouvons causer de nos petites affaires... Je gage que vous avez quelque chose à me proposer... Je prendrai tout ce que vous voudrez, excepté du fil... vous me cédez un écheveau d'une qualité, un autre plus gros; c'est du lin, puis du chanvre; personne ne s'y reconnaîtrait, et aucun tisserand n'en veut.

— Vous savez bien, la Limace, que je n'ai pas autre chose!

— Et les champs?

— Ils nous fournissent cette année des pommes de terre pour nous et des betteraves pour les vaches; il faut laisser reposer la terre et varier la culture!

— Ah! pour ça, elle change assez d'aspect, faut le dire! Du vivant de votre père on y voyait le seigle à grandes barbes, le froment rond et doré, le blé noir; maintenant l'ajonc à fleurs jaunes, la bruyère avec ses épillets de fleurs roses et la fougère à dentelle verte ont tout envahi. Ce qui vous rapporte le plus maintenant aux Pierriers, c'est le champ de digitales que vous avez laissé se ressemer tout seul, et les belladones du buisson; tout poison ici! Et encore, c'est moi qui les achète.

— Eh bien! dit Tiphaine, pour la dernière fois, prenez ce fil.

— Chaque écheveau ne donne pas deux aunes de toile! et puis il faut courir à Josselin pour le faire tisser... Si je m'accorde de celui-ci, je mettrai dans l'armoire la toile qu'il donnera et je la garderai pour mon suaire... voilà dix sous!

— Dix sous pour cet écheveau fin, blanc et filé par la Janvier! vous n'y songez pas, la mère!

— Eh! portez votre clientèle ailleurs, vous savez que je vous laisse libre.... si vous le voulez au surplus, je traiterai cette affaire avec votre mari en même temps que l'autre...

— L'autre? celle de l'argent?... Nous n'aurons rien à vous remettre cette année, la Limace, les temps sont mauvais.

— Oui, les pommes ont manqué, le cidre est cher.

— Ce n'est pas moi qui le bois, dit Tiphaine avec une sourde rage.

— Et votre domaine le paye! et la ruine vous dévore comme une lèpre!... Mais cela changera; les enfants grandissent... »

Tiphaine haussa les épaules.

« Quand les filles étaient toutes petites, on leur donnait davantage... l'enfant inspire pitié, quand même... On appelle Colette et Barbe coureuses et fainéantes... On leur offre du travail! Une façon pour les mauvais cœurs de refuser l'aumône...

— Mais Zacharie gagne de l'argent?

— Celui-là, il rapporte deux sous par jour, comme autrefois...

— Mais il en doit recevoir bien davantage… Son état de vannier est bon… il ne craint pas la concurrence dans le pays…

— Zacharie, un état… vannier!… Je ne comprends pas, dit Tiphaine.

— Ah! dame! il n'a pas intérêt à vous conter ses petites affaires et à vous régaler de ses profits… Vous ne sortez guère de votre bouge… au matin, la marmaille chassée du logis, vous restez à cuire la soupe de votre homme et à l'agoniser de sottises pour vous distraire… Barbe court à dia, Colette court à hue, et Zacharie marche du côté où souffle le bon vent. Il n'est point bête, votre gars, mais il a trouvé plus finaud que lui… Le père Patience, qui bourre la cervelle des enfants de la paroisse d'épellations et de catéchisme, a vitement enseigné l'état de vannier à Zacharie. Ici l'osier est à qui le prend : Zacharie fait des paniers et Patience s'est arrangé avec un marchand de Josselin, qui, toutes les semaines, prend le travail de votre petit en échange de sommes rondes. Car les corbeilles, les ruches, les vans à avoine, les corbeilles à pain, Zacharie réussit tout cela comme un homme… Patience nourrit Zacharie, lui remet les deux sous que vous exigez, et le maître d'école s'enrichit du gain de votre enfant.

— Si j'étais sûre de cela! s'écria Tiphaine.

— Que cet écheveau de fil devienne une corde pour m'étrangler si j'ai menti! répondit la Limace avec un rire de chouette.

— Le voleur! le misérable! Vivre de la sueur du

paysan! dérober l'argent du pauvre! Exploiter un enfant!

— C'est indigne, reprit la Limace : vous l'exploitez, vous, mais c'est votre droit! Vous le faites marcher pieds nus, en guenilles, pour exciter la compassion, au besoin vous lui donneriez la lèpre si cela pouvait grossir vos profits, mais c'est votre affaire! un enfant chez les misérables est un revenu comme un autre! Mais Patience, ce sournois de Patience qui m'a fait avoir castille avec le garde champêtre, parce que je glanais près des javelles de la Hulotte ; ce maître d'école qui menaça de me dénoncer parce que l'enfant de la Lisandre était mort, comme si cela me regardait... Ah! je jure qu'il faudrait n'avoir pas de sang dans les veines pour le laisser s'engraisser comme une sangsue des bénéfices de Zacharie.

— Ah! fit Tiphaine livide de rage, ce petit malheureux m'apportait deux sous comme une charité, pendant que le magister entassait l'argent dans son armoire. Nous verrons si cela durera! Jean Loup n'est pas manchot, vous le savez! Sitôt qu'il rentrera, je l'enverrai chez le bonhomme Patience, ce traîtisseur des familles, ce misérable marchand d'alphabets et d'exemples d'écriture... Oh! quelle danse recevra Zacharie! S'il en est quitte pour un bras cassé, ce ne sera pas trop.

— Hé! hé! modérons-nous en toutes choses, voisine, même dans l'éducation à coup de trique, il y a des gens qui se mêlent de ça!

— Rousselot! un méchant diable d'invalide, celui-là!

si la balle qui lui cassa la jambe l'avait atteint à la tête, le village n'y aurait pas perdu !

— Bah ! j'ai remarqué qu'un garde champêtre vaut toujours un garde champêtre ; tous ont un sabre au côté et du papier timbré dans leur poche ! C'est égal ! à votre place je dénoncerais Patience... dame ! ceci me regarde un peu ! Si Jean Loup gagnait de l'argent, si ses enfants lui en donnaient, mes intérêts me seraient peut-être payés !... Je garde votre fil, voilà vos dix sous... Sans adieu, la Tiphaine, je viens de vous rendre un fameux service ! »

La Limace s'éloigna contente, sa bave avait fait blessure. Un moment après Jean Loup parut. Il portait un lourd fardeau de chanvre et marchait en titubant moins de fatigue que d'ivresse. Une partie de la façon de la toile ayant été payée d'avance, il venait de la boire au cabaret.

Tiphaine bondit vers le tisserand, le débarrassa du paquet, puis le regardant fixement et le secouant par les poignets.

« C'est pas tout ça ! fit-elle, demain tu cuveras ton vin à l'aise, aujourd'hui cours chez Patience, il nous a trahis et volés !

— Volés ! répéta Jean Loup avec un rire incrédule et hébété tout ensemble ! volés ! nous n'avons plus rien !

— Mais il nous a pris notre enfant...

— Qu'est-ce que ça fait ! nous en avons trop d'enfants....

— Brute plus brute que les bêtes mêmes ! hurla Tiphaine, je te dis que Patience garde chez lui Zacharie et le fait travailler à son compte... Zacharie gagne de l'argent, beaucoup d'argent... »

L'œil de l'ivrogne étincela sous sa paupière flasque.

« De l'argent ! donne-le, j'ai encore soif ! »

Tiphaine eut grand'peine à faire comprendre à Jean Loup les révélations de la Limace, mais quand le misérable tisserand eut fait entrer dans son cerveau noyé de cidre et d'eau-de-vie que son enfant travaillait régulièrement et qu'il exerçait un état lucratif, sa colère ne connut plus de bornes. Elle eut pour premier effet de lui faire donner deux coups terribles à sa femme, qu'il accusa de ne pas surveiller ses enfants ; puis, dégrisé subitement et ne conservant de son ivresse que l'excitation nerveuse et la rage féroce, Jean Loup courut chez le maître d'école.

Il était vrai que, depuis le passage des Bohémiens dans ce pays, l'enfant façonnait l'osier avec zèle et profit ; mais les épargnes de Zacharie renfermées dans une tirelire dormaient au fond de l'armoire de son vieil ami. Pour reposer Zacharie de son travail, à l'heure de midi, Patience lui donnait une leçon de lecture, et les progrès de l'élève récompensaient amplement le brave homme des peines qu'il se donnait. La vie de l'enfant se trouvait scindée en deux parts bien distinctes. Il rentrait aux Pierriers à la nuit, et comme il venait de dîner avec Patience il se couchait, sans partager le repas de la famille. Au jour, et le premier de tous, Zacharie partait ; ni Sabin ni ses sœurs ne s'inquiétaient de lui ; il courait chez Patience, ouvrait ses volets, balayait la salle de la classe, essuyait les bancs, allumait le feu, faisait bouillir la tasse de lait de Patience, et le vieillard le regardait agir, remuer, ranger, non par paresse, mais en goûtant la joie intime de se dire :

« J'ai éveillé l'âme d'un enfant, je l'ai dirigée vers le bien, et je la regarde s'épanouir dans la droiture, la reconnaissance et la foi. »

Jamais Patience ne remerciait Zacharie d'un service rendu, d'une peine épargnée ; il aurait craint de le blesser. Ce vieillard et cet enfant s'aimaient de toute la tendresse de leurs âmes ; l'un n'avait trouvé personne à protéger, à chérir ; l'autre n'avait point rencontré quelqu'un qui voulût de lui et de ses caresses, et, se complaisant tous deux, Zacharie et Patience savaient enfin ce que c'est que de vivre pour autrui, par autrui, dans autrui.

La leçon de lecture de Zacharie venait de finir ; le maître d'école polissait un sabot, et le petit vannier achevait l'anse d'un panier, quand une voix impérieuse appela Patience dans l'intérieur du logis. Avant que le vieillard eût posé son sabot et ouvert la porte, Jean Loup, hideux, menaçant, tenant à la main sa trique de cormier, parut dans le courtil.

Zacharie poussa un cri d'effroi.

« Ne crains rien, mon enfant ! lui dit doucement le maître d'école.

— Ainsi, s'écria le tisserand, c'était bien la vérité... vous arrachez mon enfant à la famille, vous le faites travailler comme un forçat et vous vous gobergez avec son argent ! Vous êtes un voleur et un misérable ! Je pourrais vous dénoncer et vous faire conduire aux galères, brigand ! Nous mourons de faim aux Pierriers, et ce lâche enfant gagne des cent sous par semaine ! Et vous l'encouragez dans son ingratitude, son inconduite ! Vous la lui avez conseillée, vous en vivez, coquin ! »

Jean Loup leva son bâton sur Patience.

Ce fut le garde champêtre qui le lui arracha des mains.

Rousselot se promenait ou plutôt inspectait le pays, tout en causant avec l'Homme à la Peau-de-Bique, quand les vociférations et les injures du tisserand parvinrent à ses oreilles. Patience était si bon, si doux, qu'une scène violente dans sa maison semblait chose improbable, impossible; il s'agissait de le défendre peut-être, et puis Rousselot croyait vaguement reconnaître le hurlement du Loup des Pierriers.

Le tisserand, maintenu par le solide poignet de Rousselot, ne parut nullement intimidé de son intervention.

« Tant mieux ! fit-il, vous représentez la loi ! et j'ai besoin de la loi !

— Je ne t'en conseille guère d'en parler ! Pas plus tard que ce matin, j'ai dressé un procès-verbal contre Sabin que j'ai trouvé arrachant des choux dans le jardin de Monsieur...

— De Monsieur...! Un beau monsieur, voire! c'est une menterie, c'est un coup monté... Vous m'en voulez tous dans le village... quelques choux, la belle affaire! Demandez-vous à ce vient-de-je-ne-sais-où dans quel

4.

endroit il a volé la graine des choux que l'innocent arrachait en les prenant peut-être pour de mauvaises herbes ?... Est-ce que la parole d'un étranger a plus de poids que la mienne ?... On sait mon nom à moi : Jean Loup ! Et mon état : tisserand ! Mais lui ? Il s'appelle l'Homme à la Peau-de-Bique, peut-être ! Comme si les familles et les prêtres vous donnaient de ces noms-là ! Et que fait-il dans sa maison dont les chrétiens s'éloignent ? Il élève des bêtes que l'on ne vit jamais dans le pays... Il jette des sorts à de braves paysans, donne la clavelée aux moutons, l'enflure aux vaches, la pépie aux poules et la morve aux chevaux ! Il a le mauvais œil et le foie blanc! Il vous aura payé pour dire que Sabin volait des choux, et vous l'écrivez sur le papier du gouvernement pour des pipes de tabac et des verres de schnik !

— Silence, misérable ! cria l'ancien militaire ; tu ne sais pas assez ce que c'est que l'honneur pour y croire ; tant pis pour toi ! J'ai fait mon devoir ! cela me suffit. Que viens-tu faire dans cette maison ? Que signifient cette scène et cette violence ?...

— Cet homme m'a volé ! dit Jean Loup en désignant Patience.

— Formule ta plainte, canaille, explique, détaille, » ajouta l'Homme à la Peau-de-Bique, vivement irrité de voir traiter de la sorte par l'ignoble tisserand un homme jouissant de l'estime de tout le village.

Jean Loup raconta comment, sa femme ayant appris la vérité de la Limace, il avait voulu s'en assurer, et venait de prendre Zacharie en flagrant délit.

« En flagrant délit ! répéta Rousselot d'une voix tonnante, en flagrant délit de travail, d'étude, de bonne conduite ! Et tu oses lui reprocher d'apprendre à lire, d'exercer un honnête métier au lieu de suivre l'exemple que tu lui donnes et les conseils de ta femme? Ne fait-il pas mieux de rester dans ce courtil que de voler des poules comme Barbe et de dérober le chanvre mis à rouir dans les citernes?...

— Ai-je des droits, oui ou non, sur mon enfant? demanda Jean Loup.

— Vous en avez si vous les exercez pour le bien ; mais je vous jure, foi de soldat, que si vous empêchez Zacharie de vivre de son travail pour l'envoyer mendier, toute la peine retombera sur vous!

— Bon! bon, répondit Jean Loup; on profitera de la leçon à sa manière... Ah ! le petit mord à la besogne, tant mieux... on lui en taillera... Au surplus ma poitrine se creuse à rester courbée sur le métier... J'apprendrai l'état de tisserand à ce joli muguet! Il héritera de mon métier comme j'héritai de celui du père! Allons, Louveteau! qu'on me suive, sans geindries et sans façons; quant à vous, Patience, si j'en ai l'occasion, vous saurez de quel bois je me chauffe ! »

Le vieillard ne répliqua rien à cette menace; la douleur de l'enfant le préoccupait seule.

Les yeux de Zacharie s'emplissaient de larmes ; au travers de ce brouillard humide il regarda Rousselot, le brave Rousselot, qui secouait la tête comme pour dire : « A cela je ne puis rien! » puis l'Homme à la Peau-de-Bique qui mordait ses longues moustaches afin de ne pas éclater. L'enfant comprit que le tisserand avait à cette heure l'autorité pour lui ; il baissa le front, cacha sous sa veste le petit livre dans lequel il lisait une heure auparavant, et, voyant Jean Loup sortir du courtil, il le suivit à pas lents, regardant en arrière le jardin, le rûcher, tout ce qu'il avait aimé, tout ce qu'il ne verrait plus!

V

GRAIN DE SENEVÉ.

Du matin au soir l'enfant travaille, dévide, pelotonne, roule la toile et apprend à tisser. Son dos se courbe, ses bras se fatiguent, sa tête s'alourdit, n'importe! Jamais un mot d'encouragement et d'amitié; quand il ne comprend pas, un soufflet; quand il exécute mal, un coup de poing; le maître est là sombre, inexorable, souvent à moitié gris; son unique méthode d'enseignement est la torture. La Tiphaine, du fond de la salle, approuve, encourage, souffle le feu de la colère s'il vient à s'éteindre; elle en veut à l'apprenti de sa patience, au fils de son respect. Elle souhaiterait que Zacharie se révoltât, pour s'absoudre elle-même de son injustice; mais l'enfant garde le silence et refoule jusqu'à ses pleurs. L'automne s'est passé pendant ce dur apprentissage; l'hiver s'écoule, lent, sombre. Il fait froid, la salle basse s'emplit de fumée; la Tiphaine geint et l'homme boit... L'unique consolation de Zacharie repose sur l'amitié de Moucheronne; mais la petite fille se souvient à peine que jadis son frère la portait dans ses bras ; cependant elle seule fait encore à l'enfant la charité de quelques baisers.

Quand tout le monde dort, Zacharie s'abandonne à l'amertume de ses regrets. Il pleure à sanglots étouffés. Il crie vers Dieu ; il tend les bras à Patience, comme si le vieillard le pouvait entendre de si loin. L'âme de Zacharie étouffe, manque de jour et d'air : céleste oiseau dont une main impure lie les deux ailes. Mais il est un ami dont la voix parle en dépit de tous à l'enfant persécuté, un consolateur mystérieux qui lui glisse à l'oreille des paroles rafraîchissantes, et cet ami, c'est le petit livre de papier grossier, mal imprimé, mal attaché, dont les pages restent incomplètes et qu'on ne payerait pas un denier ! Eh bien ! ce livre informe est le seul soutien de cet enfant, car il y a trouvé cette parole : *Quand votre père vous abandonnerait, moi je ne vous abandonnerai jamais...* Quoi que fassent les hommes, le grain de senevé grandit et promet de devenir un arbre ! Les semeurs d'ivraie ont, il est vrai, passé après le Maître du champ, mais la mauvaise herbe sera détruite ; elle n'étouffera pas le froment.

Malgré sa persévérance, sa bonne volonté, le petit Zacharie connaît le découragement. Un homme se lasserait à recommencer chaque jour sa tâche monotone ! L'hiver il a subi sa peine, sa réclusion, son travail forcé ; mais la saison tiède revient, et il reste cloué au métier.

Sa souffrance prend des proportions telles qu'il en vient à regretter sa vie nomade.

Il voyait le ciel au moins ! Il regardait, lui, mendiant, les oiseaux voler au-dessus de sa tête ; il respirait les odeurs saines des foins coupés, il courait dans la campagne comme un chevreau ; il dénichait des nids. Il avait devant lui l'espace, l'horizon ; il jouissait de la vue de l'œuvre divine ; il était un enfant, un être et non pas une machine !

— Oui, lui murmurait la mystérieuse voix du petit livre, mais cet enfant montré au doigt était un vagabond, presque un malfaiteur ; si malheureux que soit aujourd'hui Zacharie le tisserand, nul n'a le droit de le mépriser, et les anges regardent le grain de senevé grandir.

Cependant la tentation est si forte que Zacharie succombe. Il se trouve seul pendant une journée d'été. Jean Loup est parti pour la ville, Tiphaine arrache des légumes. Zacharie pressent le châtiment qu'on lui réserve, mais il se résigne à tout pourvu qu'une heure il puisse sortir et vivre. Il quitte son métier, le jour l'éblouit, l'air l'enivre, il pousse un cri de liberté sauvage. On dirait, à le voir courir, un jeune poulain désenfergé. Oh ! qu'il va droit à la maison d'école ! combien son cœur bat quand il se précipite au milieu de la classe, sans souci de déranger les écoliers et de surprendre le bonhomme Patience ! Zacharie se jette dans les bras du vieillard :

« Père ! père ! » dit-il. Zacharie n'ajoute rien ; il ne sait pas de paroles plus éloquentes. Son cœur bat, sa main tremble, son souffle s'arrête, sa joue ruisselle : « Père ! père ! » Et le maître d'école qui a lu tant de livres, le maître d'école, un savant de village, ne trouve lui aussi d'autre réponse que ce mot :

« Mon fils! mon bien-aimé fils! »

Sublime revanche du cœur sur l'esprit, sainte éloquence du silence qui ne saurait tromper! Égalité parfaite de l'ignorant et de l'homme instruit devant la puissante émotion du cœur.

On se calme, on s'interroge : La vie est dure et triste. — Comment va le rûcher? — La chèvre blanche a deux chevreaux. — Le métier casse les bras. — Les écoliers font d'innocentes malices. — Barbe et Colette deviennent mauvaises comme des dindes... Les mots se croisent, on s'embrasse encore, il semble que le vieillard ait les cheveux plus blancs... — L'enfant grandit : les manches de sa veste remontent vers le coude et le pantalon oublie de garantir les chevilles.

« Tu es pâle, Zacharie! dit Patience, tu manges mal.

— Ce n'est pas le pis, répond l'enfant; le pain est bon si on l'assaisonne de paroles d'amitié; il ne vaut pas une motte de terre quand on vous le reproche. Ah! père Patience, où sont les miches que nous dévorions dans le courtil?

— Eh bien! viens voir les avettes et goûter leur miel, petit. Hélas! en te gardant une heure, tu n'en seras désormais ni plus ni moins battu. Et quoique je respecte grandement la puissance paternelle, je flétris l'abus de la force! De quelles guenilles tu es couvert! quels lambeaux de chemise! quelle sombre misère! »

Patience et Zacharie reprennent place sur le banc du courtil; le magister choisit une paire de sabots et la donne à l'enfant.

« Je ne veux pas te gronder, lui dit-il; mais écoute

un conseil. Tu gardes le souvenir de ton ancienne vie près de moi, tu lis dans les pages dépareillées d'un vieux livre qui te parle de Dieu; sans doute il est bon d'aviver la lampe et de garder la clarté divine; mais il ne faut pas négliger le corps. La bête agit sur l'autre. Essaie de te vêtir proprement, ne reste pas, même pour toi, dans cet état pitoyable. La pauvreté touche, la misère traînée dans le ruisseau est odieuse. Tu as des loques : aie soin de les porter blanches ; bouche les trous de ta veste, rapièce ton pantalon; il y a de la dignité dans la propreté et le soin de sa personne.

— Vous avez raison, père Patience, je me corrigerai ; mais, voyez-vous, je ne sortais plus et le courage me manquait. »

Zacharie passa deux heures près de son vieil ami; il le quitta assez inquiet de ce qui allait se passer, plus malheureux encore d'ignorer quand il pourrait revenir. Par un heureux hasard, son père n'était pas rentré ; sa mère causait dans le jardin avec la Limace : son absence demeura inaperçue.

Le samedi suivant, sa tâche était finie; le lin et le chanvre manquaient aux Pierriers. Zacharie chercha, au plus profond d'un sac, des vêtements et de vieux habits qu'on lui avait donnés à la ville, et que la Tiphaine dédaignait d'utiliser. Il les réunit en paquet sans que sa mère lui demandât ce qu'il en voulait faire.

Zacharie connaissait un petit doué fréquenté par les lavandières du pays; il y alla, prit les chemises trouées et les mouchoirs, et, disposant une pierre plate devant lui, comme il voyait faire aux laveuses, il se mit à frotter son pauvre linge de toutes ses forces.

« Hé! petit, lui demanda une des femmes, pourquoi salis-tu notre eau avec tes guenilles?

— C'est pour les laver, dit doucement l'enfant.

— Et ce n'est guère bien à vous de faire rougir ce garçon, reprit une autre.

— Bah! c'est un Louveteau, le frère de deux vilaines coureuses, la Barbe et la Colette.

— C'est vrai, reprit la buandière qui s'était faite l'avocate de Zacharie, mais il n'importe! Cela me touche de voir ce pauvre gars faire ce qu'il peut pour avoir meilleure apparence!... On ne lave pas sans savon, petit, prends le mien, et frappe du battoir! ferme! On m'a parlé de toi dans le pays, un brave homme qui enseigne l'écriture à mes enfants. Donc, s'il t'aime le père Patience, faut croire que tu le mérites, car il ne prodigue pas ses affections... Eh! comme ça mousse! Trempe dans l'eau maintenant; tords le linge; va l'étendre sur l'herbe, et mets des pierres aux coins de peur qu'il ne s'envole. »

Zacharie remercia, et, voyant la laveuse embarrassée pour tordre d'énormes draps, il lui offrit son aide. La femme et l'enfant se campèrent solidement sur les hanches, et tous deux de presser la grosse toile et de rire. Quand le linge de la paysanne fut mis sur les buissons, le petit garçon remercia vivement pour le savon et le battoir.

« A ton service! on lave au doué tous les samedis :

tu m'aideras à tordre et à étendre le linge; moi, je te donnerai du savon et des conseils! »

Zacharie, son paquet sur la tête et ses habits sous le bras, se rend à la maison de Guéméné le tailleur. Mais le couturier achevait sa journée dans quelque ferme, et Zacharie, ne trouvant personne, revint aux Pierriers sans avoir complétement rempli son but. En chemin, se souvenant qu'il manque de brosses pour ses habits, il ramasse quelques chardons le long des haies, casse des épines noires à un aubépinier et rentre en même temps que Barbe et Colette. Les haillons hideux de ses sœurs lui semblent plus répugnants que jamais; la parole de Patience : « La propreté est une des formes de la dignité » lui revient à la mémoire; désormais on ne le verra plus couvert de lambeaux sordides.

Au souper personne ne parla; les filles n'apportaient pas d'argent; Jean Loup savait que le cabaretier lui refuserait crédit.

Il resta dans la maison irrité comme une bête fauve; il aurait voulu battre ses filles et ne l'osait plus; Barbe le regardait d'une façon qui lui faisait peur.

L'aube éveilla Zacharie. Il courut au puits, tira un seau d'eau, en remplit une terrine, et se lava le visage, le cou, les mains; ses cheveux ruisselaient; cette eau rafraîchissait ses yeux et lui débrouillait les idées. Faute de peigne, l'enfant rejeta ses longs cheveux en arrière et les laissa sécher au soleil. Il nettoya ensuite soigneusement son pantalon et sa veste, les brossa avec ses têtes de chardons, mit le linge blanchi par lui la veille, attacha son gilet privé de boutons avec une épine noire, puis, ses pieds propres dans ses sabots neufs, il se regarda dans le seau d'eau et se trouva une tout autre mine.

En ce moment un tintement lointain se fit entendre.

Barbe et Colette, qui surprirent Zacharie mettant la dernière main à sa toilette, le raillèrent d'une belle sorte. L'enfant ne parut pas les entendre; pour la première fois il les regarda d'un air sérieux, grave et si rempli de pensées au-dessus de son âge et de leur compréhension, qu'elles reculèrent surprises.

« Où vas-tu, si faraud? demanda Jean Loup en apercevant le changement qui s'était opéré dans son fils.

— Nous sommes au dimanche, je vais à l'église.

— Te l'ai-je permis?

— Vous ne me l'avez pas défendu, et Dieu me l'ordonne.

— Mauvais sujet! Fils ingrat! Tu voudrais bien ne plus venir en aide à ton père! Te voilà fier d'avoir déniché cette invention du dimanche! Le dimanche, patron des paresseux! » Jean Loup aurait peut-être ajouté quelque chose à ces injures; mais Zacharie, reconnaissant de loin le garde champêtre, lui cria :

« Attendez-moi, père Rousselot, nous cheminerons ensemble. » Le petit saisit son vieux livre; mais Jean Loup, croyant se venger en le détruisant, l'arracha des mains de Zacharie et le jeta dans le feu.

Le petit garçon lui donna le regret que l'on accorde à un ami des mauvais jours, mais il murmura :

« Je le sais par cœur, maintenant, » et il ajouta, tout en cheminant avec ses lourds sabots : *J'ai commandé à mes anges de prendre vos pieds dans leurs mains, de peur que vous ne les heurtiez à quelque pierre.* Et comme le maître d'école lui avait donné des sabots de frêne qui l'empêchaient d'ensanglanter ses pieds le long de la route, il pensa dans la naïveté de son âme : « Est-ce que Patience ne serait pas un ange ? »

Sur la petite place ceinte d'un mur croulant formant jadis la salle d'armes d'un château dont les vestiges s'enguirlandaient de lierre, les paysans se pressaient, l'air joyeux comme des gens dont la conscience est tranquille, et recueillis cependant d'avance pour la prière. Ces hommes, ces femmes se rendaient à la maison de Dieu, du Maître, du Seigneur, du Père ; ils avaient à le bénir pour la semaine écoulée, à l'implorer pour celle qui allait venir. Les mères, fières de leurs enfants, les regardaient marcher devant elles ; il n'était guère besoin de les interroger sur l'objet de leurs demandes ; toutes se rapporteraient aux innocents. Quelques jeunes filles roulaient déjà leurs chapelets dans leurs doigts.

L'église était fort pauvre, mais propre et tranquille d'aspect ; l'étroitesse des fenêtres y mesurait le jour. A la Gréée les hommes et les femmes ne se mêlent point dans la maison de Dieu. Zacharie, se souvenant que *les derniers seraient les premiers* au ciel, voulut faire commencer ce règne de justice dans l'église et monta jusqu'à la balustrade du chœur. Il attendait l'arrivée de Patience. Le maître d'école arriva conduisant ses élèves : après les avoir rangés dans la chapelle de gauche, il gagna le lutrin, car il devait joindre l'office de chantre au devoir de magister.

Zacharie pria, c'est-à-dire qu'il exposa au Seigneur les vœux de son âme, les tristesses de son esprit; il lui demanda aide, et tendit les mains dans une exaltation de filiale confiance. Les livres imprimés pour servir de guide à la foule n'eussent peut-être pas contenu tout ce qu'il fallait à Zacharie, car il parla au Père céleste de son père si dur et le pria de l'incliner vers la douceur; de sa mère si peu mère, hélas! de ses sœurs devenues ses persécutrices.... et pour tous il implora la paix, la joie, le salut.

Dans les paroles latines chantées par le prêtre il croyait saisir la réponse d'en haut; quand la voix unie des fidèles reprenait en chœur, il lui semblait que tous s'intéressaient à sa demande et l'appuyaient auprès du Sauveur des hommes.

Le timbre de Patience, sonore en dépit de la vieillesse, lui remuait le cœur. Zacharie chanta les refrains de cantique avec les écoliers; quand le prêtre monta en chaire, il tourna vers lui son naïf visage, et comme si le Christ venait de gravir la montagne pour y enseigner la vérité et la vie aux laboureurs, Zacharie écouta. Le curé commenta la parabole de la *semence*. Sans emphase, sans prétention oratoire, il rapprocha la semence de la parole sainte des grains lancés par le semeur; il montra les terres arides, pierreuses, dans lesquelles rien ne germe; — les broussailles étouffant l'herbe avant sa maturité; — les nuées d'oiseaux grapilleurs dévorant le blé dans le sillon; et aussi la terre labourée, préparée avec soin, recevant la graine, la conservant avec une sollicitude maternelle. Puis il peignit l'influence d'une salutaire parole sur les âmes : celle-ci l'écoute sans profit, car elle est plus endurcie que la roche ; — dans celle-là des défauts entravent les progrès du bien ; la troisième est trop légère ; la dernière seule, prévoyante et grave, la conserve comme un trésor, la sent mûrir et germer en fleurs de vertu, en fruits éternels.

« Patience ne parle pas si bien, sans doute, pensa Zacharie, mais il m'a raconté la même parabole. Patience est aussi un homme suivant la loi sainte du travail et de la charité ! »

L'enfant ne perdit pas l'occasion d'embrasser son vieux maître, et celui-ci remarqua que si les vêtements restaient pauvres, du moins ils paraissaient brossés.

Après la messe quelques paysans s'abordèrent, on causa ; le tailleur Guéméné parut avec sa fille, la petite Marie-Angélus, et traita pour une certaine quantité de pommes avec un fermier demeurant proche de l'église. L'unique embarras était de les emporter.

« Je vais vous fournir des paniers, » dit Zacharie.

En quelques mots il mit le magister au courant de ce qui se passait et prit dans sa maison les trois plus grands paniers qu'il eût jamais tressés.

« Grand merci, petiot ! dit Guéméné ; et quand te les rendrai-je ?

— Je vous en fais cadeau, répondit l'enfant ; mais je vous demanderai un service en échange.

— A ta volonté, répliqua le tailleur.

— Où travaillez-vous maintenant ?

— Chez les Janvier, j'y suis pour un mois, et même je retourne au domaine avec la fermière.

— Bon ! Après le dîner je vous y rejoindrai... Au revoir, maître Guéméné. »

Courir chez lui, reprendre le paquet de la veille, traverser par le beau soleil les champs et les landes, fut l'affaire d'une heure pour Zacharie. Il trouva le tailleur assis sous un châtaignier au bord du dernier sentier.

Guéméné était une autorité dans le village.

Les couturiers de Bretagne sont restés les rapsodes du pays, à la fois conteurs de légendes, chanteurs de complaintes, entremetteurs de mariages. Guéméné, supérieur à la plupart de ses collègues, avait visité la Bretagne, et il en parlait les dialectes variés. Il s'était promené dans tous les pardons, avait mis en scène à Loudéac le *mystère de la passion de Jésus*, répétait, tout en piquant sa courte aiguille, les *guerz* dramatiques ou les *sônes* mélancoliques ; effarait les filles peureuses, en leur affirmant que les Korigans les guettaient près des roches ; troublait le sommeil des avares en leur énumérant les trésors cachés à Lock-il-Dû, et rendait pâles d'effroi les laveuses, en leur parlant des Lavandières de Minuit. Nul ne mariait plus de gens dans le village, et le tailleur avait la main bonne ! En avait-il vu casser des poignées de noix de fiançailles ! Avait-il vu défiler des *pennerès* sur le pont de Penzé, plissant le ruban de satin de leurs tabliers violets, tandis que le garçon au large chapeau de feutre leur parle les yeux baissés, une branche d'aubépine à la main ! Avait-il des centaines de fois entonné la *chanson de la mariée*, qui fait couler des larmes des yeux de la fraîche épousée. Que de quenouilles enrubannées il avait vu offrir à l'autel de la Vierge ! Que de balais neufs il avait vu passer sur le seuil par la fiancée devenant maîtresse au logis du mari ! Et les belles sonneries de biniou ! car Guéméné est passé maître, et personne dans les cinq départements de la Bretagne ne lui en pourrait remontrer sur l'instrument national. Il le fait gronder, gémir et flûter à guise ; il l'oblige à rouler sur la basse, à éclater en fusées de gaîté dans les notes hautes. Il n'est pas de riche noce sans le sonneur Guéméné. Les gars qui mènent le plus allègrement le *bal*, le *passe-pied*, la *sabotruse*, les filles qui restent le plus coquettement les yeux fixés sur le bout de leurs pieds agiles, ne veulent pas d'autre musicien. Et quel bel air il a sous le chapeau enrubanné ! Son visage fleurit comme le bouquet de sa veste ; il élève en l'air avec un geste triomphal le biniou breton, et l'électricité du plaisir passe dans les membres, et l'on danse jusqu'à ce que le sommeil cloue les pieds sur le sol ! Chacun aimait et recherchait le tailleur. Sa présence dans une ferme devenait une source intarissable de distractions. En Bretagne, les fermiers ont coutume d'ajouter au chiffre de gages des domestiques une veste, un pantalon, des chemises, habillement d'hiver et d'été plus ou moins riche, suivant les conditions. Or pour confectionner les vêtements du maître, ceux des enfants et des valets, on prend le couturier. Il reste dans chaque domaine le temps nécessaire à l'achèvement des habits; quand il a reçu son salaire ici, il va ailleurs, toujours sûr d'être bien accueilli. S'il fait beau, il travaille dans le courtil au milieu des fleurs et des abeilles. Pendant les heures de repos, les habitants de la maison l'entourent et lui demandent des histoires. Il les raconte avec entrain, ou bien il apprend à ses jeunes auditeurs des chansons qu'ils rediront pendant les *fileries* d'hiver.

Guéméné n'est pas seul dans la vie : il a une fille, mignonne créature répondant au nom de Marie-Angélus. Sa mère est morte en lui donnant le jour, à l'heure où la cloche tintait l'*Ave Maria*, et c'est pour cette raison qu'on appelle Angélus la petite blonde aux yeux bleus. Toutes les tendresses du tailleur se concentrent sur cette enfant, jamais il ne s'en sépare. Il l'emmène dans ses tournées de couturier. Quand la ferme où Guéméné travaille se trouve trop éloignée de son logis, le brave homme et l'enfant reçoivent l'hospitalité chez les paysans. Et la présence d'Angélus ajoute une gaieté nouvelle à la belle humeur que le tailleur porte avec lui. Angélus, accoutumée à changer de voisinage, de maisons, n'est ni pleureuse ni sauvage. Elle se rend utile dans les fermes, et, gâtée par chacun, ne devient ni exigeante ni volontaire. Qui voit le père voit aussi l'enfant.

Quand Zacharie trouva le tailleur sous le gros châtaignier couvert de bouquets de chatons d'or, Angélus composait une grosse couronne de marguerites. Elle regarda le fils de Jean Loup si doucement que le cœur du jeune garçon en fut comme pénétré. Ah ! si Moucheronne, sa malicieuse sœur, avait eu ce regard et ce sourire !

Zacharie étala les vieux vêtements dont de bonnes âmes lui avaient fait don à Josselin et pria le couturier de lui confectionner un habillement.

« Pour la façon, dit-il, Patience garde quelque chose dans ma tirelire.

— Et s'il me prenait fantaisie de t'aider un peu ? dit Guéméné. Crois-tu que les honnêtes gens ne soient pas touchés de voir tes efforts pour bien faire ? Il te faut deux fois plus de courage qu'à un autre : les tiens t'entravent au lieu de t'aider. Si je dois ma journée aux gens d'ici, les soirées me restent. Dimanche tu seras donc mis comme un brave gars, et je serai bien marri si le premier valet ne te tresse pas un chapeau de paille. Tu sembles interdit, étonné ? et de quoi, mon enfant ! Il est du devoir de chacun de faire large et facile le droit chemin, afin qu'il y passe le plus de monde possible.

— Merci ! monsieur Guéméné, merci ! » Zacharie ne put dire que cela, et vainement il cherchait quelle marque de reconnaissance il donnerait bien au tailleur, quand de nouveau ses yeux rencontrèrent les yeux bleus d'Angélus. Un souvenir lui traverse l'esprit ; il cherche dans son paquet et en tire une pomme jaune d'or avec des couleurs rouges sur un côté, une pomme si merveilleusement belle qu'Angélus pensa que les arbres de l'Éden en produisaient seuls de semblables.

« Tiens, » fit Zacharie en tendant le fruit à la petite fille.

Angélus rougit, sourit, avança la main, puis, honteuse, la retira.

« Prends donc, répéta Zacharie, j'ai grand plaisir à te la donner.

— Il ne serait pas convenable à elle de t'en priver, mon enfant... partagez-la, ce sera mieux. »

Zacharie tendit de nouveau la pomme ; cette fois Angélus la saisit sans remords et y enfonça ses petites dents ; ses yeux riaient de plaisir. Après avoir mangé équitablement sa part, elle offrit l'autre moitié à Zacharie.

On causa, on chanta des complaintes ; le jour baissant, le fils de Jean Loup prit congé du tailleur et de sa fille, et rentra dans la maison des Pierriers. Pendant son sommeil il rêva que des pommes plus belles encore que la sienne lui étaient présentées dans des corbeilles dorées par de petits anges qui tous ressemblaient à Marie-Angélus.

VI

RENARDS AU POULAILLER.

Il fait nuit; trois enfants rôdent autour d'une maison plongée dans une obscurité complète. Ils se consultent à voix basse; une fillette de quinze ans à peu près, à en juger par sa taille, place en sentinelle sa petite sœur à côté de la porte, en lui recommandant de donner le signal convenu si elle aperçoit quelqu'un aux alentours. Le garçon escalade le mur en posant les pieds dans les interstices des pierres; un moment après il passe une échelle, et la fillette, l'ayant consolidée, grimpe à son tour, puis d'un bras vigoureux la rejette à l'intérieur.

Les deux petits voleurs se trouvent dans une cour. Une meule de paille se dresse dans un angle, une fosse à fumier lui fait face; un entassement de fagots occupe le fond.

« Sabin, dit la petite fille, le poulailler est à gauche.
— Allume la lanterne, Colette. »

La fille de Jean Loup bat le briquet et de sa main cache la lumière; elle aperçoit le palais des poules.

« Si l'Homme à la Peau-de-Bique allait revenir tout de même ! murmura Sabin.

— Tu sais les renseignements de la Limace : il est à Ploërmel pour deux jours... Regarde donc les belles poules sur tous ces perchoirs... Jamais je n'en ai vu de si magnifiques... En voilà de petites comme des pigeons, d'autres atteignent la taille d'une oie. »

En ce moment les coqs, éblouis par la clarté de la lanterne, poussèrent leur fanfare matinale, croyant que l'aurore venait de se lever. L'aboiement d'un chien leur répondit.

« J'ai peur ! fit Sabin ; fourre quelques poules dans le sac et partons ; aussi bien la Moucheronne doit s'impatienter.

— Bah ! bah ! reprit Colette, il faut qu'elle s'accoutume ; elle mangera du rôti : qu'elle en gagne sa part. »

Comme elle achevait ces mots, Colette tordit le cou à une poule de Cochinchine ; une seconde après c'en était fait d'un crève cœur.

Sabin tenait la lanterne d'une main, de l'autre le sac dans lequel s'engloutissaient les victimes ; deux autres volatiles partagèrent le sort des premiers.

« Est-ce fini ? demanda Sabin.

— Es-tu pressé ! Et la Limace ? ne lui faut-il pas un coq rouge pour ses maléfices et une poule pour sa marmite !... Voilà ! »

Une seconde fois les coqs chantèrent, le chien hurla, et Sabin se pressa contre Colette en murmurant :

« Écoute ! Moucheronne pleure...

— Fi'ons ! » répliqua Colette.

Les deux voleurs se disposaient à sortir du poulailler, Colette tenait le sac sur son dos, Sabin marchait en avant. Tout à coup le petit gars poussa un cri d'effroi, sa lanterne roula sur le sol. Avant qu'il l'eût relevée pour s'assurer de la réalité de sa vision, deux mains robustes le saisirent. Colette se trouva les mains liées de cordes solides sans comprendre encore ce qui se passait. En un instant les enfants furent traînés dans une grande salle, et, à la clarté d'une grosse lampe, ils virent l'Homme à la Peau-de-Bique, Rousselot et Janvier ; puis, se tordant de désespoir dans un coin de la chambre, Moucheronne la tête plongée dans ses mains.

Pour la première fois de sa vie Colette eut le frisson ; Sabin se jeta à genoux et demanda grâce ; la petite fille regarda Rousselot avec terreur. Les trois hommes délibéraient entre eux sur ce qu'ils devaient faire des prisonniers.

« Attendons le jour, dit le garde champêtre ; ils peuvent sans inconvénient dormir dans le cellier ; il ferme bien, et les Louveteaux n'y pourront causer de dégât. »

Sans leur rien apprendre du sort qu'on leur réservait, Janvier, Rousselot et l'Homme à la Peau-de-Bique entraînèrent les petits voleurs dans le caveau, délièrent une botte de paille et les laissèrent libres de dormir ou de songer aux suites de cet incident.

Moucheronne pleurait tout bas, dans la crainte qu'on raillât sa douleur, nous ne disons pas son repentir : nul n'avait enseigné à l'enfant ce qui est bien, ne lui avait interdit ce qui est mal ; ce qui était bien, pour cette famille dégradée, se résumait en cette phrase : Ce qui rapporte de l'argent.

Moucheronne, sachant que les poulets ont une valeur, avait aidé à en voler ; elle obéissait à un ordre ; sa conscience, que nul n'avait éveillée, ne protestait pas. Elle tremblait à ce moment à l'idée d'un châtiment, et le prévoyait terrible, d'après les mots échangés entre Sabin et Colette.

« Qu'est-ce qu'on nous fera ? demanda le petit garçon.

— On nous mettra en prison.

— La prison, c'est comme ici avec de la paille, du pain noir et des rats qui grimpent et grouillent. »

Moucheronne étouffa un cri de terreur. Quoi ! sans fin elle resterait dans cette obscurité, entre des murs humides, écoutant les pas des rongeurs, les sentant frôler ses membres, se demandant s'ils ne la dévoreraient pas vivante !...

Pendant que les enfants se représentaient l'avenir qui les attendait, les trois hommes, attablés dans la grande salle, causaient entre eux de ce qu'ils devaient faire.

Le procès-verbal du garde champêtre était sur la table.

« Le plus simple, dit Rousselot, est de conduire demain matin les trois malheureux aux Pierriers et de prévenir les parents que la gendarmerie les emmènera à Ploërmel ; on les enverra dans une maison de détention jusqu'à leur majorité.

— Certes, ils le méritent, dit l'Homme à la Peau-de-Bique, mais je ne puis, sans frémir, songer que ces créatures, irresponsables après tout de l'éducation qu'on leur a donnée, et du milieu dans lequel elles ont vécu, sont, à partir de ce jour, vouées à l'infamie. La maison de correction laisse une tache et non une leçon de morale. Quand elles la quitteront, les filles deviendront la proie du vice et Sabin entrera dans quelque association de voleurs. Je ne crois pas à l'influence salutaire de la maison de correction. Sur cent repris de justice quatre-vingt-dix y ont passé leur jeunesse. C'est l'antichambre de la prison, qui s'ouvre elle-même sur le bagne ! Mais que faire ? Il n'existe pas d'autre moyen de répression.

— Comment se peut-il, demanda Janvier, que Barbe ne soit pas avec les Louveteaux ?

— Barbe ? répondit le garde champêtre, depuis une semaine elle a quitté le pays. Ainsi quand ces trois vauriens seront partis, la commune se trouvera débarrassée de cette lèpre. »

Janvier se leva pour regagner sa ferme ; Rousselot tendit la main à l'Homme à la Peau-de-Bique.

« Mais vous, restez ici, mon brave Rousselot. Je requiers l'aide de l'autorité. Acceptez une chambre d'ami dans cette maison mystérieuse.

— Tout de même, répondit le garde champêtre, mais ce n'est pas par curiosité, au moins.

— Et quand ce serait, vous en ferais-je un crime ? Ne sais-je pas ce que les bonnes âmes, la Limace en tête, débitent sur mon compte ? Je tiens de l'ogre et de

Barbe-Bleue, au dire des habitants de la Grée. On ne me reconnaît pas le droit de vivre à ma guise, d'élever des oiseaux rares, de ne voisiner jamais et de ne raconter mes affaires à personne. Or, s'il me convient d'ouvrir la porte à un ami, les curieux me répugnent. Je vous estime grandement, père Rousselot ; j'attendais une occasion pour vous le dire, vous le prouver, et j'espère vous en laisser convaincu.

— Et bien heureux, Monsieur !..

— Ah ! oui, Monsieur ?... L'Homme à la Peau-de-Bique ! jusqu'au jour où je fouillerai dans les poches de mon portefeuille pour en tirer mes actes d'état civil et vous les mettre sous les yeux... Je suis en règle, le juge de paix de Josselin le sait, et me tire son chapeau quand il chasse les geais dans les environs... Le procureur impérial de Ploërmel me connaît, et je prends parfois un verre de vin chez lui... Mon paletot de poil de chèvre ne lui fait pas peur... Allons ! vieux soldat, une gorgée d'eau-de-vie ; voici la blague, bourrez votre pipe et montons dans la chambre indienne. »

Cette qualification fit ouvrir de grands yeux à Rousselot ; sa jambe de bois résonna dans l'escalier avec une agilité fantastique, et il s'arrêta émerveillé sur le seuil de la chambre d'ami laissée à sa disposition.

Les quatre murs étaient décorés, en guise de tentures, de peaux de panthères mouchetées, de fourrures de tigres noirs attachées par les quatre pattes et laissant tomber sur la plinthe leurs grosses têtes rondes dont les yeux de verre étincelaient. Dans les coins, des zagaies, des flèches, des sarbacanes, se dressaient, égayées par des lames de kriss et des canons de fusils. Quatre ou cinq matelas recouverts d'étoffes aux couleurs vives composaient le lit. Des fruits à coque solide, des œufs d'oiseaux d'une fabuleuse grosseur pendaient en guirlandes au plafond. Deux ou trois costumes accrochés à des patères étranges rappelaient un autre climat et une autre civilisation. Puis des pipes à tuyaux de tout genre, à fourneaux, à récipients de cristal, à bouts d'ambre, s'alignaient sur une étagère. On pouvait passer plusieurs jours dans cette chambre à en étudier les détails, sans éprouver une minute d'ennui.

« Bonne nuit ! dit l'Homme à la Peau-de-Bique au garde champêtre, les braves bêtes que j'ai tuées ne vous réveilleront pas. »

Rousselot n'a pas peur ; il reste plongé dans l'étonnement, et cependant il connaît plus d'un gourbi, plus d'une tente, plus d'un août d'Afrique.

Il se jette sur un lit dont la mollesse l'empêche quelque temps de dormir, puis ses ronflements sonores prouvent la tranquillité de sa conscience.

Quand il descendit le lendemain, l'Homme à la Peau-de-Bique l'attendait.

« Les prisonniers ne mourront pas de faim, lui dit-il, je leur ai distribué une ration de soupe ; mettez-vous à table sans remords. Eh bien ! vous la connaissez cette chambre indienne, dans laquelle j'ai rassemblé les souvenirs de mes voyages ? Je m'y enferme quand la fantaisie me prend de remonter le cours de ma vie ; mais je me plais mille fois mieux dans cette salle de ferme bretonne regardant caqueter, courir, les bêtes domestiques qui me connaissent et m'aiment. Aller loin, c'est beau ! Se trouver heureux où l'on est, c'est bon ! »

Après le déjeuner l'Homme à la Peau-de-Bique montra au garde champêtre l'étable, l'écurie, la volière peuplée d'oiseaux exotiques ; il siffla Cooloo, chimpanzé à figure humaine, et fit répéter à l'ara rouge et bleu un compliment de bienvenue en hindoustani.

Rousselot se croyait transporté dans un monde féerique ; il se serait difficilement arraché à cette habitation étrange, si l'espoir d'y revenir n'eût adouci ses regrets.

Rousselot et son nouvel ami ouvrirent la porte du caveau, en tirèrent successivement Moucheronne endormie dans ses larmes, Colette farouche sous ses cheveux emmêlés, et Sabin qui poussait des cris de paon.

Une corde solide fut passée dans les liens des prisonniers et le garde champêtre, les poussant devant lui, prit avec l'Homme à la Peau-de-Bique le chemin des Pierriers.

Tiphaine, inquiète de n'avoir pas vu rentrer les enfants, les guettait sur la route ; quand elle aperçut les deux hommes, elle courut à Jean Loup et le secoua par l'épaule.

« Hardi ! fit-elle, ce n'est pas le moment d'avoir froid aux yeux... Voici cette canaille de Rousselot et son complice... Il y a un malheur... »

Zacharie très-ému quitta son métier.

« Sans cœur ! lui cria Tiphaine, tu te réjouis de la

mauvaise chance de tes sœurs et Sabin ! Ils nous aimaient, ceux-là... »

L'enfant ne répondit rien, mais il courut à Moucheronne.

« Défends-moi ! défends-moi ! » dit celle-ci.

L'angoisse de Moucheronne, l'élan avec lequel elle cacha sa tête éperdue dans le sein de son frère, le touchèrent profondément. Il oublia que, poussée par Sabin et ses sœurs, elle s'était retirée de lui; il se souvint seulement que toute petite il l'avait bercée, portée sur son épaule, et que, durant deux ou trois ans, elle avait satisfait sa soif de tendresse et son besoin de dévouement.

« Jean Loup, dit le garde champêtre, cette nuit vos enfants ont pénétré par escalade dans la maison de Monsieur, ils ont forcé la porte du poulailler et dérobé des gallinacées, ce qui constitue bel et bien un vol qualifié... Je les emmène...

— Où ça ? demanda Tiphaine la voix étranglée.

— A la Tour de Josselin.

— Mais je ne veux pas, moi ! Je m'y oppose ! En prison, mes enfants, tous trois, comme cela... pour quelques poules... Et je resterais seule ici ? Ah ! vous voulez me faire peur, comme l'autre fois pour les choux... Combien les estimez-vous ces poulets ? Il y a de la toile fine, ici; nous recevrons de l'argent... nous paierons l'amende...

— D'abord, si vous faites mine de les emmener, ajouta Jean Loup, je vous assomme !

— Oh ! oh ! ne le prenez pas sur ce ton-là ! Vous

êtes complices et recéleurs de ces vauriens... On pourrait d'un seul coup faire maison nette aux Pierriers. »

Zacharie s'approcha de l'Homme à la Peau-de-Bique.

« Grâce! dit-il, grâce pour eux!

— Oublies-tu que Colette te jeta dans une mare où tu faillis te noyer?

— C'est ma sœur, répondit Zacharie.

— Te souviens-tu qu'une calomnie de Sabin te valut la plus dure correction infligée par Jean Loup?

— C'est mon frère, répéta Zacharie.

— Moucheronne elle-même a fait cause commune avec eux... Ils se sont armés contre toi de ton activité, de ta patience, de ta bonne conduite; en les arrachant d'ici, je te délivre de trois bourreaux.

— Et nous serons tous déshonorés, et j'aurai beau faire de mon mieux toute ma vie, on n'en dira pas moins : « Les sœurs et le frère de Zacharie sont des « rebuts de prison. La prison... »

L'Homme à la Peau-de-Bique prit à part le garde champêtre, lui parla chaleureusement pendant une minute, puis revenant vers le tisserand :

« Les prières de votre fils me touchent... il se fait un droit de ses efforts constants pour être probe et travailleur... Je dois l'en récompenser... Si vous voulez, vos enfants n'iront pas en prison... »

Tiphaine poussa un sauvage cri de joie.

« Attendez... Vous êtes indigne de les élever; je vous les retire pour les faire entrer à mes frais dans un établissement agricole... Sabin et ses sœurs apprendront à cultiver, à diriger une ferme... Nul antécédent judiciaire ne compromettra leur avenir...

— Comme ça, dit Tiphaine, vous nous les enlevez toujours.

— Tais-toi! répliqua Jean Loup, j'accepte.

— Je n'ai pas fini... Je veux que Zacharie profite de mon indulgence, de mes sacrifices... Il quittera cette maison et entrera chez d'honnêtes gens... vous signerez, Jean Loup, un engagement par lequel vous vous obligerez à le laisser chez Patience jusqu'à sa majorité.

— Et vous appelez cela être généreux? dit amèrement Jean Loup.

— Refuse, dit Tiphaine; c'est un complot monté par Zacharie.

— Ils ont la force, » dit Jean Loup en baissant la tête comme un sanglier forcé.

L'Homme à la Peau-de-Bique monta à cheval, courut à Josselin, conféra avec le juge de paix et revint aux Pierriers présenter à Jean Loup un acte au bas duquel le tisserand apposa sa croix.

Moucheronne remercia Zacharie, qui doucement essuyait ses larmes en tâchant de la consoler, en lui promettant de l'aimer toujours, en la suppliant de devenir là-bas bonne, honnête, douce.

Rousselot abrégea les adieux; Tiphaine serra Colette et Sabin dans ses bras avec une tendresse emportée, sauvage; mais quand le pauvre Zacharie voulut à son tour lui demander une caresse, la première et la dernière hélas! qu'il en aurait reçue, la mégère étendit le bras pour le repousser, et lui cria :

« Toi, je te maudis! »

Zacharie resta immobile, pâle, pétrifié de désespoir. Lui maudit, lui, à qui ses parents devaient que le déshonneur ne s'abattît pas sur la famille! Un tel effroi que cette malédiction fût au ciel ratifiée de Dieu lui envahit l'âme que si Jean Loup lui avait dit : — Reste! — au risque de périr sous ses coups, il se fût remis à son métier. Il sentait un lien se briser en lui, cette maison il y était né; cette marâtre l'avait porté dans son sein ! Mais pour la seconde fois Tiphaine le poussa sur le seuil, et Zacharie s'enfuit éperdu, entendant toujours retentir à ses oreilles des paroles de menace et de malédiction.

VII

FLEUR NOUÉE.

« Enfin, dit Patience quand Zacharie lui eut conté par quel enchaînement de circonstances il se trouvait libre, enfin te voilà, mon enfant... Je t'attendais comme on demande les miracles... Je ne pouvais croire que le Seigneur t'eût placé sur ma route, et m'eût mis au cœur un si tendre amour pour nous séparer à jamais... Je me disais souvent : « Zacharie subit son épreuve, et s'il en triomphe tout s'arrangera pour le bien ! » Te voilà, tu ne partiras plus ! Il s'agit de t'installer dans la maison ! Une maison de maître d'école, ce n'est pas riche. La salle de la classe est ma chambre, il n'y a que cela. Seulement, l'appentis pourrait se métamorphoser avec un peu de peine; tu demanderas des conseils à Louiset le menuisier ; il me garde un peu de reconnaissance et t'obligera pour me faire plaisir... Cette nuit, mon garçon, et même jusqu'à ce que tout soit prêt, tu partageras l'étable avec les chèvres... On ne travaille pas aujourd'hui ! mais demain, quoique tu attrapes tes quatorze ans, tu t'assiéras sur les bancs de l'école et tu te dépêcheras d'apprendre l'écriture et le calcul.

— Oh ! oui, maître Patience, tout ce que vous savez !

— Hélas ! fillot, je n'en sais pas long ; mais M. le curé y ajoutera ce qui me manque, et l'Homme à la Peau-de-Bique ne te sera pas inutile. Travaille maintenant en dehors de la classe à tout labeur qui te rapportera de l'argent, il n'est de sot métier que celui qui ne nourrit pas son homme. Le pays est assez fourni de paniers pour le moment, songe à autre chose ! il est bon d'ailleurs que les mulots aient plusieurs trous !

— Moi ! s'écria Zacharie, mais j'arracherai des pommes de terre, je battrai du blé, je rentrerai du foin !

— Je t'aimerais mieux ouvrier que journalier. »

Après le dîner, le vieillard et l'enfant causèrent longtemps encore, et Zacharie peignit à son ami le désespoir qu'il ressentait d'avoir été maudit par sa mère.

« Dieu ne ratifiera point cette parole, mon enfant ; tu l'as aimée, respectée ; ton dernier acte dans la maison des Pierriers fut un bienfait ; attends que Tiphaine revienne à des sentiments meilleurs. »

Pendant la quinzaine qui suivit l'arrivée de l'enfant chez le maître d'école, Louiset s'occupa de concert avec Zacharie de changer l'appentis en une pièce commode, aérée. Le garçon maniait joliment le rabot, faisait voler les copeaux d'une main exercée, sciait, ajustait les planches, et le menuisier lui disait :

« Tu ferais un bon compagnon, tout de même. »

Quand la chambre fut prête, les meubles y manquaient.

« Il te faudrait des années avant d'en gagner le prix, dit Patience; fais toi-même ton mobilier; le bois est pour rien dans le pays, et Louiset acceptera pour prix de ses leçons et de ses coups de main, l'aide que tu lui apporteras pour sa propre besogne. »

L'un après l'autre les meubles entrèrent dans la chambrette de Zacharie; d'abord une table de chêne, puis l'armoire aux grands battants historiés, les chaises que l'enfant fonça d'osier, les tablettes pour les livres, des seaux, des jattes : rien n'y manqua, et le brave garçon se sentit le cœur plein de joie et de naïf orgueil en regardant l'œuvre sortie de ses mains. Il y avait mis du temps, c'est vrai. L'hiver s'était écoulé tandis que s'achevait cette besogne : la varlope avait empêché Zacharie de se ressentir du froid; l'exercice développait sa poitrine et ses bras, il grandissait à la façon des jeunes arbres et s'en « allait au bois » selon l'expression du pays. Mais sa physionomie respirait la franchise, la satisfaction; il portait des vêtements propres, et gardait des chemises neuves dans l'armoire. Sans doute il s'endettait un peu avec Patience, mais le vieillard le voulait voir bien monté de hardes et de linge avant de songer à mettre de l'argent de côté. Les quelques épargnes du maître d'école disparurent pendant la saison mauvaise. Mais au printemps, jamais Zacharie ne demeura sans travail. La vannerie reprit; on menuisa. Tout le monde dans le village, portant amitié au maître d'école et lui devant un peu de gratitude, la témoigna délicatement à Zacharie. Ce fut à qui l'obligerait parmi les fermières d'alentour. Le brave enfant se demandait d'où venait cette sympathie, ce bon

vouloir général, et le maître d'école lui répondit :
« Tu t'es aidé, Dieu t'aide ! »

Il vint un jour où Patience ne trouva plus rien à enseigner à Zacharie ; il s'adressa au curé, et le garçon se rendit deux fois par semaine chez le pasteur, afin d'étudier la religion. De son côté l'Homme à la Peau-de-Bique s'asseyait souvent au foyer de Patience. Il s'apprivoisait, il devenait confiant entre ce vieillard et ce jeune garçon qui tous deux l'aimaient. S'il lui arrivait parfois encore de parler de l'ingratitude des hommes deux mains serraient les siennes, et il s'arrêtait interdit, touché. Depuis dix ans qu'il habitait la Grée, les loups de la forêt voisine s'étaient pour le moins montrés aussi sociables. Il gardait des griefs contre la société ; peut-être ces griefs s'échafaudaient-ils sur ses fautes personnelles : c'était sa façon d'avoir des remords. Sans nul doute il possédait de la fortune, et la médiocrité de son genre de vie était voulue sans être nécessaire, mais personne, pas même le notaire, n'en connaissait le chiffre ; il touchait ses revenus à Ploërmel, et puis de Paris lui arrivaient de temps en temps des lettres chargées. On pouvait supposer encore qu'il gardait par un reste d'habitude quelques milliers de francs dans une cachette, pour parer à des éventualités. Plus d'une fois, remarquant la gêne dans laquelle vivaient Patience et Zacharie, il eut la pensée de leur offrir ses services ; sur le point de parler il s'arrêta toujours : — timidité, défiance ? — on n'aurait su dire lequel de ces sentiments retenait la parole sur ses lèvres. Craignait-il de froisser le vieillard et de blesser l'enfant ? Ne redoutait-il point plutôt de voir accepter ses offres ? Non qu'il eût regretté l'argent, mais, à partir de l'heure où il l'aurait remis, il se fût demandé : « Me reçoit-on parce qu'on m'aime ou parce que je suis utile ? » — Il voulut du moins encourager l'ardeur de Zacharie au travail, et lui donna des leçons dont le manque de méthode n'empêchait pas les succès. Quand le pauvre garçon avait jusqu'à cette heure ouvert une géographie, les noms barbares qu'il devait entasser dans sa mémoire l'épouvantaient sans l'intéresser. Il ne comprenait ni la forme de notre globe ni la situation de ses différentes parties. Mais à dater du jour où l'Homme à la Peau-de-Bique lui montra une sphère terrestre, joignit au nom de chaque pays une description pittoresque, l'anima de détails sur les habitants, les mœurs, les costumes, les cultes, en peignit les arbres, les fleurs, les animaux, Zacharie aima la géographie qui, devant ses yeux éblouis, agrandissait l'œuvre de la création. Il se passionna pour l'histoire de France, pour l'histoire de sa Bretagne qui avait été royaume, duché, province, et se voyait découronnée de ses fleurons et dépouillée de son manteau d'hermine pour descendre à être un tout formé de cinq départements. Zacharie prenait le plus souvent ses leçons chez l'Homme à la Peau-de-Bique ; il regardait ces heures d'étude comme une haute récompense. Il s'attachait si bien à toutes les branches de l'enseignement que son ami, voyant que la force physique ne répondait guère aux aptitudes de son cerveau, lui demanda un jour :

« Que souhaites-tu être, quand tu auras vingt ans ? »

Zacharie réfléchit, passa en revue les divers métiers

exercés par lui jusque-là, et demeura fort indécis. Il menuisait bien, faisait merveilleusement les paniers et savait l'état de tisserand ; et cependant si l'exercice de ces labeurs le faisait vivre, il n'y trouvait point ce vif contentement de l'âme qui repose et satisfait tout ensemble.

« Je vais te le dire, reprit l'Homme à la Peau-de-Bique, voyant que Zacharie gardait le silence... Tu voudrais être maître d'école. »

L'esprit du jeune garçon s'illumina soudain, il lui sembla que devant ses yeux on déchirait un voile noir et qu'il voyait resplendir un ciel étoilé.

« Maître d'école, moi ! s'écria-t-il enfin, ce serait trop beau !

— Mon enfant, c'est ta vocation, je dirai plus : c'est ton devoir.

— Comment cela, Monsieur ?

— Tout ce que tu sais de bon, de bien, tu le dois à Patience ; les bienfaits des uns doivent s'épancher tour à tour sur les autres. Tu accepteras l'héritage de dévouement de ce vieillard, et tu instruiras les petits enfants comme il t'instruisit lui-même.

— N'est-ce pas une grande ambition pour le fils de Jean Loup, Monsieur ? Que dira-t-on dans le pays en voyant instituteur l'enfant du tisserand des Pierriers, dont, sans vous, le frère et les sœurs seraient dans une maison de correction ?

— D'abord, mon ami, personne ne sait dans le pays quelle circonstance amena le départ de ces trois enfants ; puis leur conduite s'améliore au point de donner de grandes espérances. Tes sœurs deviennent modestes, laborieuses ; Moucheronne surtout est fort aimée dans la colonie agricole. Je compte que plus tard, dans un avenir que je ferai, crois-le, le plus prochain possible, leur caractère ayant changé, leur vie sera renouvelée ! Cesse de les regarder comme des entraves à ton avenir. Jean et Tiphaine vieillissent ; eux aussi chercheront et trouveront l'apaisement. Ta volonté seule pourrait changer mes projets ; mais tu ne le feras point si tu songes à Patience... Remarques-tu combien ses mains tremblent maintenant quand il écrit ?... Et ses yeux ? on dirait parfois qu'il voit des étincelles, tant son regard se voile. Zacharie, il y a soixante ans que Patience élève les enfants de la Grée, et le pauvre homme est las... Lui parler de repos serait le tuer. Il comprendrait alors qu'il reste au-dessous de sa tâche. C'est à toi de puiser dans ton affection, ta reconnaissance, le moyen de le soulager délicatement dans son labeur. Ne le remplace pas, deviens son aide. Rien ne le blessera de ta part : il t'aime ! Mais hâte-toi de venir au secours de ton vieux maître, car dans deux années il ne serait plus temps.

— Je suis décidé, Monsieur, j'hésitais par crainte de mon insuffisance ; maintenant vous l'avez dit, je remplirai un devoir. Je m'instruisais pour ma satisfaction personnelle, je le ferai maintenant pour soutenir Patience. Le jour suffit pour gagner le pain quotidien, j'emploierai la nuit pour m'instruire et repasser vos leçons.

— Il te faudra celles d'un autre, Zacharie ; tu dois apprendre à jouer d'un instrument, et Guéméné sera ton homme. Comme il exécute de mémoire et d'instinct sur son biniou, tu apprendras de lui le mécanisme de l'instrument, tandis que je t'enseignerai la théorie des notes. Nous joindrons un peu de dessin linéaire à la musique ; au bout d'une année tu pourras devenir maître d'école. Pour t'accoutumer à réfléchir, à rendre ce que tu vois, ce que tu penses, ce que tu sais, tu écriras de temps en temps un tableau exact de ce qui frappe tes regards. Il n'est pas besoin que tu puisses décrire une bataille ni raconter avec pompe le règne d'un des douze Césars ; mais il te sera profitable de t'accoutumer à peindre sous leurs couleurs vraies les travaux champêtres ; j'aimerais te voir prendre intérêt à tout ce qui concerne la terre, les bois, les ruisseaux, le labour, les hôtes de l'arbre, des prés, de l'eau vive. Tout a son charme, sa grandeur, son utilité ici. Tu vivras avec des paysans : aime la campagne. Plus tard, tes leçons aux enfants du village s'empreindront d'un caractère spécial ; ils s'attacheront aux choses qui les entourent, parce qu'ils les trouveront belles et non pas seulement parce qu'elles sont utiles.

— Cela me semble bien difficile de peindre ce qu'on voit.

— Oui, quand on le regarde superficiellement ; mais rien n'est simple comme d'examiner le nid d'un oiseau et de le décrire, de raconter les soins de la mère pour les petits, les chasses du père chargé de nourrir la famille... Quand tu prendras l'habitude de chercher le pourquoi des choses de la nature, le reste viendra de lui-même.

— J'essaierai, Monsieur, je vous le promets.

— Aussi bien, le jour de l'examen t'obligera-t-on à composer quelque chose; il faut donc t'exercer d'avance. Quand Patience fut reçu maitre d'école on exigeait moins des instituteurs; que veux-tu! si maigre que soit cette place, elle a des concurrents. Or il ne faut pas que tu échoues, il y va du bonheur de Patience. »

Cette soirée fut décisive pour Zacharie : il vit clairement son but et le poursuivit sans faiblir, sans se rebuter.

Quand le brave garçon connut ses notes, rondes et carrées, quand il sut le plain-chant et sa clef de sol, il alla trouver Guémené pour apprendre à sonner du biniou.

Patience trouva naturel que son fils d'adoption souhaitât acquérir un talent nouveau, et le tailleur s'estima fort honoré d'avoir pour élève un gars qui lisait le latin et chantait au chœur.

« Vois-tu, lui disait-il, il n'y a pas mieux, le biniou est le roi des instruments. On a beau parler des cornemuses, des musettes du Poitou, des guimbardes du Midi, des zampognes d'Italie et du pibrock d'Écosse, rien ne vaut notre biniou breton. Il a des notes vives et soutenues comme une chanson d'alouette qui n'en finirait pas, et des bruits sourds comme l'eau de mer grondant sur les roches quand le vent souffle la tempête. Le biniou fait rire et porte aussi parfois à pleurer! Regarde nos gars pris pour l'armée, le mal du pays les ronge jusqu'à ce que la musique militaire leur joue l'*anhini goz*; et, à bord des vaisseaux de l'État, on embarque souvent un sonneur. Je t'ai toujours bien aimé, Zacharie, et estimé pour ton désir de bien faire et de te maintenir dans le droit chemin ; mais à partir de cette heure, je te voue une parfaite amitié, comme il en doit régner entre maîtres sonneurs ! car tu deviendras maître à ton tour ou j'y perdrai mon nom et le biniou d'honneur qui me fut offert au pardon de Plouguernevel. »

Comme toutes les natures rêveuses, délicates, refoulées, rendues poétiques sans le savoir, à force de souffrance, Zacharie était né musicien. Ses rapides progrès émerveillèrent le tailleur. Qu'eût-ce donc été, s'il avait su que Zacharie faisait venir de la musique de la ville et s'appliquait à perfectionner son instrument afin d'en augmenter les ressources ! Au bout d'une année Guémené ne pouvait plus en remontrer à Zacharie. A mesure qu'il constatait ses progrès dans les diverses branches de ses études, le fils du tisserand sentait s'épanouir son cœur. L'instant approchait où il paierait au maître d'école une partie de sa dette. Le vieillard s'attristait visiblement. Sa vue baissait, il ne se le dissimulait plus ; parfois dans sa mémoire il trouvait des lacunes. Il est vrai que Zacharie ne manquait jamais d'être là comme par hasard quand il s'agissait de faire le modèle d'écriture, de calculer au tableau ou de commencer la récitation. Zacharie demandait comme une faveur de suppléer le vieillard pendant une partie des heures de la classe.

« J'apprends en enseignant, disait le brave garçon ; vous qui savez, reposez-vous et reprenez-moi quand je me trompe.

— Allons! allons! disait Patience, l'écolier en remontre au maître maintenant. »

Il cédait et le plus souvent reprenait son travail de sabotier dans le courtil en fleurs au milieu de ses trente ruches d'abeilles. Car Zacharie avait soigné les essaims, et le rucher rapportait, bon an mal an, cinquante écus de cire et de miel. D'autres fois Patience trouvait une vraie joie à écouter son enfant d'adoption expliquer aux petits paysans de la Créée ce que lui-même avait appris de Patience. Assis dans sa haute chaire, surveillant le petit monde turbulent, caressant, joueur, il se rappelait souvent la première apparition du fils de Jean Loup dans la maison d'école, quand, entre-bâillant la porte, le petit vagabond, ouvrant de grands yeux surpris, s'était écrié :

« C'est gai l'école ! »

Oui, l'école reste gaie ! mais le vieux maître devient de plus en plus triste. Zacharie, pour tâcher de lui faire oublier ses préoccupations, affecte une excessive bonne humeur à laquelle cède presque toujours la mélancolie du vieillard. Mais si le caractère de Zacharie, son esprit et son cœur se sont modifiés de façon à surprendre même ses amis, son extérieur n'a pas subi un changement moins grand. Zacharie peut, aux yeux de beaucoup de gens, passer pour un joli garçon. Il est bien un peu maigre et pâle, mais la couleur de son teint s'harmonise avec le velouté de son regard, la nuance de ses cheveux et l'expression générale de sa physionomie. Sa taille ne manque pas d'élégance ; il porte bien son costume campagnard qu'il ne consentirait pas à changer contre les modes de la ville. Sa grande coquetterie est une propreté recherchée, un peu raffinée pour le pays, mais dont personne ne le blâme pourtant et dont Patience et l'Homme à la Peau-de-Bique le louent. Ses études, ses travaux intelligents laissent sur son visage un reflet de gravité. On comprend, en observant ce jeune homme, qu'il pense et médite et que, même pendant les heures où le rabot court sur la planche, son esprit s'élève au-dessus du labeur matériel.

Cependant la préoccupation de Zacharie devient visible, son ami s'en alarme, l'Homme à la Peau-de-Bique en rit aux éclats en haussant les épaules, et pour la première fois le maître d'école accuse son voisin de ne point aimer le brave garçon. Pendant toute une semaine, sous des prétextes différents Zacharie court du presbytère à la Ferme-Maudite; il cherche Guémené et lui joue l'un après l'autre des airs de biniou. On dirait que le garçon des Pierriers est dévoré par la fièvre. Il ne tient pas en place. Il embrasse Patience, il écrit, calcule, compose de grandes pages qu'il trace de lui-même, sans copier dans un livre. Enfin, un soir il dit à son père adoptif :

« Je souhaiterais m'absenter pendant trois jours, me le permettez-vous ? »

Cette prière attendrit le vieillard. Il aurait donné la vie à cet enfant que celui-ci ne pourrait lui témoigner plus de respect.

« Va, mon cher garçon, dit-il ; le temps me paraîtra bien un peu long, mais il est juste que les jeunes gens prennent du loisir. Je gage que tu vas dans le pays de Vannes à la grande noce dont Guémené sera le sonneur.

— Et de vrai, je me rends à Vannes, dit Zacharie.

— Ajoutez donc que vous y jouerez du plus magnifique biniou qui soit jamais sorti des mains d'un musicien breton! s'écria l'Homme à la Peau-de-Bique, en entrant et posant sur la table un volumineux paquet. Voici mon cadeau de voyage! Ah dame! c'est fait pour un habile, et tous les musiciens n'en sauraient point sonner. Mais la flûte est d'ivoire à clefs d'argent, et jamais peau de chevreau ne se gonfla sous le souffle d'une cornemuse comme le fera celle-ci. Essayez, Zacharie, et que maître Patience sache enfin de quoi vous êtes capable. »

Le garçon tournait dans ses mains le biniou merveilleux; il l'admirait, il ne savait comment témoigner sa reconnaissance à son voisin pour cette attention délicate.

« Allons! dit-il enfin, je n'ai que mes airs pour vous remercier, j'essayerai de ne pas gâter mon biniou. »

Cher et bon Zacharie! Il mit son âme dans la mélodie qu'il joua pour ces deux vieillards. Cette fois il ne répéta pas un air appris d'avance, il ne chercha point une mélodie de choix dans sa mémoire. Tandis qu'il soufflait dans la flûte et gonflait l'outre sonore, ménageant l'air et le comprimant à l'aide de son bras, il se souvenait de la nuit pendant laquelle il avait failli périr dans la neige. On eût dit entendre le bruit floconneux des frimas, le cri de l'enfant éperdu, le hurlement des loups dans la forêt; de tristesse en tristesse le son tintait comme un glas. Puis surgissaient des notes aériennes, folâtres, capricieuses, comme un follet sautillant sur un marais; la mélodie devint pure et large comme une prière, allègre comme une bouffée de joie, calme comme le sommeil dans une demeure hospitalière. Enfin les ébats de la joie reconnaissante se firent jour, et l'air de biniou s'acheva triomphant comme l'*alleluia* pascal.

« Mon bien-aimé, dit le vieillard, tu ne l'as pas oubliée, cette nuit-là?

— Ah! vous avez compris! s'écria Zacharie en pressant le maître d'école dans ses bras; j'ai donc fait dire à mon instrument ce que je sentais dans mon âme?

— Et, par ma foi, ajouta l'Homme à la Peau-de-Bique, vous venez de me prouver que l'on peut être un grand artiste sur un instrument dédaigné. Courage, mon enfant, et à demain. »

Le propriétaire de la Ferme-Maudite prit congé, Zacharie et le maître d'école se couchèrent; le vieillard dormit paisiblement, le fils de Jean Loup ne ferma pas les yeux. Il partit avant le petit jour et recula de surprise en trouvant sur la route de Ploërmel l'Homme à la Peau-de-Bique qui l'attendait en tenant deux chevaux par la bride.

« Croyez-vous que j'abandonne mes amis les jours de bataille! lui demanda-t-il; ce serait mal agir. Montez sur la grise, elle trotte roide, et ce soir nous serons à Vannes. »

Ce que Zacharie n'avait pas osé révéler au maître d'école, c'est qu'il se rendait à la ville pour y passer son examen d'instituteur. Il ne voulait pas supplanter son père adoptif, le brave enfant; mais il souhaitait, si jamais Patience devenait infirme, le laisser maître de l'école dont lui, Zacharie, serait titulaire. Le cœur lui battait bien fort à la pensée d'affronter les difficultés d'un examen. Il tremblait de perdre soudainement la mémoire et de ne plus se souvenir des choses élémentaires. Son cerveau éclatait, tant il y entassait de questions probables, de réponses victorieuses, de calculs à perte de vue. Son ami l'abandonnait à ses pensées et comprenait trop son émotion pour la troubler. Le voyage fut presque silencieux; cependant Zacharie goûta un grand charme dans cette course à travers le pays qui lui montrait le damier des cultures, l'étendue des landes, les masses noires des bouquets de chênes. L'Homme à la Peau-de-Bique descendit dans une bonne auberge, fit servir un excellent dîner, parce que, disait-il, un bon repas provoque un sommeil paisible, et le repos aiguise l'esprit. Quand l'heure d'aller à l'examen fut venue, Zacharie se sépara de son compagnon, et le cœur agité comme un battant de cloche, il se rendit dans la salle où s'entassaient les concurrents. Le pauvre garçon promena sur les groupes de jeunes gens un regard curieux. Il s'effraya de la satisfaction confiante répandue sur leurs physionomies, compara son costume de paysan à leurs habillements de citadins, se trouva l'air gauche, les mains rouges. Ce qui contribuait surtout à rendre sa contenance embarrassée, c'était son volumineux biniou dont il n'osait se débarrasser. A la fin, voyant dans un angle une boîte à violon, il déposa son instrument et s'assit auprès comme s'il eut craint d'abandonner son meilleur ami. Les conversations dont Zacharie surprenait des fragments ne contribuaient pas à l'aguerrir. L'un disait que les examinateurs ne s'étaient jamais montrés si sévères, l'autre que sur vingt candidats il n'y aurait peut-être pas deux diplômés. Zacharie serrait alors dans sa poche la lettre du curé de Josselin, se recommandant à toutes les protections du ciel afin d'obtenir le droit de soulager la vieillesse du bonhomme Patience.

Enfin les juges entrèrent, s'assirent; on fit l'appel des aspirants, puis commencèrent les exercices de lecture en français et en latin, les dictées, les calculs au tableau. Zacharie se tira mieux d'affaire qu'il ne l'espérait. Si ses réponses ne restaient pas absolument conformes au texte du livre, elles en contenaient le sens et prouvaient que le jeune homme réfléchissait, plus qu'il ne répétait la lettre de ses leçons. Quand on en vint à la composition, la plupart des candidats parurent décontenancés, même ceux dont les réponses avaient été le plus satisfaisantes. Les examinateurs exigeaient une description de l'automne. Beaucoup de jeunes gens savaient à peine que l'automne fournit le raisin. Zacharie se souvint des conseils de l'Homme à la Peau-de-Bique, et, rassemblant ses souvenirs de paysan, il présenta un tableau varié de la campagne dans cette saison : la récolte des fruits, les pommes foulées sous le pressoir, les noix tombant tout ouvertes sur l'herbe brûlée par l'été, les sacs de châtaignes noires qui seront la ressource de l'hiver. Il montra les brumes noyant l'horizon du matin, le soleil voilé, le commencement des veillées ; il rendit en quelques mots les magnificences des bois qui semblent couronnés de feuillages d'or, et les tristesses de l'année hivernale commençant à la Toussaint sur la tombe des trépassés.

La lecture de sa composition surprit tout le monde. Un des examinateurs l'appela, l'interrogea avec bienveillance sur sa vie, ses habitudes ; Zacharie tira de sa poche la lettre du curé et la tendit au membre de l'Académie des belles-lettres qui paraissait lui témoigner de l'intérêt. A partir de ce moment, la cause de Zacharie fut gagnée ; il le sentit et, le cœur plein d'espérance, quand il dut jouer un air de son biniou, ce fut avec une telle expression qu'un examinateur demanda à ses collègues :

« N'est-il pas trop artiste pour rester à Josselin ?

— Ah ! Monsieur, s'écria Zacharie, ne m'envoyez pas ailleurs ! Si j'ai travaillé, veillé sans relâche, c'était dans l'espérance de venir un jour en aide au père Patience. On ne peut songer à l'arracher de la Grée, autant vaudrait croire qu'on déracinerait le grand lierre du château, qui a plus de trois siècles. Mon ambition ne va pas plus loin que mon village. Nommez-moi maître d'école suppléant de Patience et vous comblerez mes vœux les plus chers.

— Ma parole, répliqua l'examinateur, ce n'est pas un diplôme qu'il faudrait donner à ce jeune homme, c'est le prix Montyon. »

Zacharie, encouragé, félicité, complimenté, son précieux brevet dans la poche, trouva à la porte de la mairie l'Homme à la Peau-de-Bique faisant son amicale faction.

Le nouvel instituteur leva en l'air son biniou en signe de triomphe. Son ami lui pressa vivement la main.

« Eh bien ! demanda-t-il, ça a bien marché ?

— Tout de même ; seulement j'ai eu grand'peur à cause de la composition. Nous avions tous remis nos copies et nous attendions dans la salle, quand un des candidats a dit à son camarade :

« De quoi as-tu parlé ?

— De rien, que veux-tu qu'on dise sur l'automne ? qu'il perd ses feuilles, et puis après ?

— Oh ! moi, j'ai fait des citations mythologiques ; sans mythologie on ne peindrait jamais les saisons. Tous les livres de rhétorique sont comme cela. Vertumne, Pomone errent dans les vergers, Silène se grise avec le vin découvert par Bacchus... et les Satyres dansent avec les Bacchantes ; voilà l'automne... Si jamais tu t'es promené dans un musée, en fait de peinture des quatre saisons, tu n'as vu que cela... »

— Je me demandai un peu honteux ce que faisaient alors dans mes quatre pages les grands bœufs conduisant les attelages, les troupes de grues fendant l'air en dessinant un angle noir sur le ciel bleu, les fils de la Vierge s'embrouillant sur les buissons épineux... Mais j'ai vu bien vite que votre conseil était bon, et ces messieurs me l'ont prouvé. »

On arriva en face de l'auberge.

Zacharie s'arrêta en face de l'Homme à la Peau-de-Bique.

« Si nous partions ce soir, dit-il, la bonne surprise pour Patience de me retrouver demain à son réveil !

— Tu as vingt ans, Zacharie, moi je me fais vieux. Cette parole part d'un trop bon cœur pour que je te refuse ; va seul, mon ami, sans remords de me laisser à Vannes, car mes affaires m'y retiendront deux jours encore… et, si tu tiens à me payer de ma grande affection et du peu que je fais, embrasse-moi ! »

Une heure après, Zacharie, réchauffé par un souper solide, égayé par un verre de vin généreux, réjoui surtout par le succès, reprit la route de Josselin.

Quand il arriva, l'aube se levait, si blanche à l'horizon, si pure qu'elle rappelait involontairement l'idée d'une âme qui s'éveille et se développe pendant la période de l'enfance. Puis des teintes roses nuancèrent les tons d'opale ; la pourpre envahit les couleurs indécises, et le soleil sembla jaillir d'un océan de flammes ; ce n'était point la première fois que Zacharie voyait le lever du soleil, mais jamais il ne lui avait paru si splendide, jamais les rayons de l'astre du jour ne s'étaient mieux mariés à la joie dont s'emplissait son âme. Il était sûr, à partir de cette heure, de payer au centuple les soins de Patience, il tenait serré sur sa poitrine le diplôme qui le fixait à la Gréée. Afin de ne pas troubler le repos de son cher maître, le jeune homme descendit de cheval au tournant du chemin, laissa la bête libre de pâturer à sa guise, et, tournant le loquet d'une main légère, il entra dans la salle, puis, entre-bâillant la porte de son vieil ami, il regarda dans la chambre.

Le vieillard sommeillait encore; de petites raies d'or, passant à travers les fentes des volets, mettaient des stries sur les pierres du sol et les rideaux du lit. Zacharie décrocha les volets et une lumière resplendissante remplit la chambre du maître d'école.

Malgré les précautions de Zacharie, Patience s'éveilla.

Sans doute il ne retrouva pas tout de suite la mémoire de ce qui s'était passé depuis la veille, et ne distingua pas son fils adoptif placé dans la pénombre, car il demanda :

« Qui est là ?

— Moi, Patience, moi! répondit le jeune homme; j'ai voyagé pendant la nuit afin de vous revoir plus tôt.

— Ah! je reconnais bien ton baiser, va! dit le vieillard en serrant Zacharie sur sa poitrine, mais c'est égal, je voudrais te voir...

— Me voir, répéta le fils de Jean Loup, me voir!...

— Il est bien matin, puisque je m'éveille à peine... quelle heure est sonnée, mon garçon?

— Six heures, répondit Zacharie d'une voix éteinte.

— Six heures! alors, ouvre les volets, mon fils! ouvre-les tout grands que je me lève!

— Père! père! s'écria Zacharie fondant en larmes.

— Tu souffres, mon enfant? Aurais-tu donc échoué dans tes projets? Quelque déception te meurtrit-elle le cœur? En effet, tu reviens bien vite! Parle! parle donc!

tu pleures... toi ! mon bien-aimé ? tu souffres ? Ah ! de l'air, du jour ! que je lise dans ton regard la profondeur de tes chagrins et que j'essuie ces pleurs qui m'inondent la joue sans que je les voie couler.

— Mon Dieu ! mon Dieu ! s'écria Zacharie au milieu de ses sanglots, je suis là... devant vous... le soleil rayonne, et...

— Oh ! » fit Patience.

Il se renversa sur les oreillers et resta immobile.

Toute l'horreur de sa situation venait de lui être révélée par la douleur de Zacharie, bien plus que par ses paroles.

« Aveugle ! murmura-t-il enfin, je suis aveugle !

— Mais je serai vos yeux comme je suis la moitié de votre vie ! dit le jeune homme en le pressant dans ses bras tremblants.

— Mes yeux... répéta le vieillard, cela ne se peut pas, mon enfant ! Je me serais résigné à perdre la vue des beautés de la création, leur souvenir m'aurait suffi. Ma plus grande privation sera de ne plus mener ma vie de jadis, de ne plus parler à mon petit monde enfantin, de ne plus tenir ma chère école...

— N'est-ce que cela ? demanda Zacharie.

— Oui, mais cela est un désespoir...

— Alors consolez-vous, père Patience ; le nouvel instituteur de la Grée est nommé, et celui-là ne vous enlèvera pas à vos chers écoliers.

— Nommé !... le nouvel instituteur est nommé !... On prévoyait le coup qui me frappe... et il viendra ?...

— Il vous presse sur son cœur plein de reconnaissance et de tendresse, et il vous dit : « Patience, j'ai profité de vos leçons afin de vous aider un jour ; ce jour est venu... restez à jamais mon père et mon maître... »

—Toi ! toi ! mon fils ! » Et Patience consolé n'en put dire davantage ; le souvenir de sa cruelle infirmité s'effaça devant la consolation de trouver si près l'ami qui la ferait oublier. En une minute le vieillard et l'enfant se trouvèrent payés l'un de sa bienfaisance, l'autre de ses efforts. Quand le jour disparaissait à jamais pour Patience, l'aube de la vie allait, pour le fils de Jean Loup, faire place à l'aurore de la jeunesse.

DEUXIÈME PARTIE
AURORE

I

PREMIERS RAYONS.

La chambre de Zacharie donnait sur une cour battue, ayant jadis servi d'aire à battre le blé. Bien enclose de haies d'aubépines et de buis gigantesques, elle reposait et réjouissait le regard presque autant qu'un jardin. Les poules et les pigeons s'y abattaient par grandes bandes. Dès l'aube le jeune maître d'école les voyait perchés sur la grande auge de granit, boire avec avidité, puis renfler leur gorge luisante, et se mirer comme des farauds de village en quête d'une promise. Près de l'auge qui certainement avait été un sarcophage gaulois se trouvait un puits dont la margelle était assez basse pour qu'il fût possible de s'y asseoir. Une sorte de coupole en fer ouvragé étalait des arabesques dignes de l'ouvrier qui créa la chaire de l'église de Josselin. Les puits sont rares au village de la Gréée, le sol est dur, l'eau manque. Quelques citernes, vite desséchées par les chaleurs, des *doués* peu profonds et quelques mares verdies par les lentilles ou noircies par les nacres restent l'unique ressource des habitants de l'endroit. Les paysans sont souvent obligés de faire de longues courses pour se procurer l'eau nécessaire à la cuisson de leurs aliments et des abreuvoirs pour le bétail. Patience possédait un puits non pas suffisant pour désaltérer le village, gens et bêtes compris, mais pour rendre la vie facile à quelques ménages. Ne pouvant obliger tout le monde suivant son désir, ce vieillard choisissait ses clients : les femmes isolées et faibles, ceux qui manquaient de force ou de loisir et n'avaient point de valets pour diminuer leur tâche. Les privilégiés se montraient grandement reconnaissants. Dès le matin il régnait donc dans la cour de Patience un gai tumulte. Chacun attendait son tour de puiser l'eau, celle-ci avec un broc, celle-là avec une seille de bois cerclée de cuivre. Parfois on s'attardait. La gazette du village se composait en commun, chacun apportait son mot, son histoire, rarement sa méchanceté. Une fois, une seule, il y avait plus de trente ans, Patience entendit une parole acerbe, à laquelle répondit une injure. Il n'adressa directement aucun reproche aux deux paysannes ; mais regardant et désignant ses pigeons :

« Voyez, dit-il, en voici de blancs, de noirs, de bronzés ; tous se baignent et se désaltèrent dans le même abreuvoir, sans se donner de coups de bec et se chercher querelle. »

La leçon fut comprise et il ne devint pas nécessaire d'en donner une seconde.

Zacharie s'éveillait d'ordinaire au bruit des cherchouses d'eau. Il sautait à bas de son lit les yeux gros d'un bon sommeil, et ouvrait sa fenêtre toute grande. Un matin il fut bien surpris d'apercevoir Angélus tenant à la main deux énormes seaux.

Jamais elle ne venait au puits : d'ailleurs la force lui manquait pour tirer la grosse chaîne enroulée sur la poulie. Le jeune garçon courut vers la margelle sur laquelle Angélus venait de s'asseoir.

« Tu veux donc te tuer? lui demanda-t-il.

— Non pas, mais le père doit travailler chez nous pendant plusieurs semaines, et je serai obligée de faire le ménage.

— Attends! dit Zacharie, je tirerai tes seaux. »

La jeune fille le remercia d'un regard.

Une minute après, Zacharie faisait bruyamment descendre la chaîne, ramenait l'eau, posait les seaux à terre et ajoutait :

« Veux-tu que je les porte chez toi ?

— Grand merci je suffirai bien à cette besogne. »

Elle partit et Zacharie demeura debout, la regardant marcher d'un pas agile malgré son fardeau. Elle venait d'avoir quinze ans, et fleurissait comme une aubépine d'avril. Si l'on eût alors demandé au garçon rêveur pourquoi il restait là immobile, même après qu'Angélus eut disparu derrière la haie, il aurait été fort en peine de le dire, et peut-être se fût-il contenté de répondre : « C'est l'aurore que je regarde, elle est si pure aujourd'hui! » Sans que Zacharie eût promis à la jeune fille de lui rendre le même service tous les matins, le garçon n'y manqua jamais. Parfois, jadis, ayant veillé assez tard, arraché à son repos par les agaces villageoises, il maugréait et regrettait son somme, mais à partir du jour où il tira du puits les seaux d'Angélus, Zacharie avait ouvert les yeux et terminé sa toilette matinale avant l'arrivée des femmes et des filles.

Il lui arriva un matin d'emporter sa Bible et de lire assis sur les bords de l'abreuvoir, pendant que les colombes, les ramiers et les pigeons voletaient autour de lui. Il lut une des églogues sacrées dont l'âme se nourrit éternellement, et que l'art reproduit sous toutes ses formes. Cette page racontait le voyage d'Éliézer allant chercher pour Isaac une femme en Mésopotamie.

« Me voici près de cette fontaine, » disait le serviteur d'Abraham, « et les filles des habitants sortiront pour puiser de l'eau. La fille à qui je dirai : « Inclinez votre vase pour que je boive, » et qui me répondra : « Buvez, » sera celle que vous aurez préparée, Seigneur, à votre serviteur Isaac. »

Zacharie ferma le volume, Angélus accourait. Elle riait, et le jeune homme devint subitement grave. Était-ce parce qu'il comptait vingt ans? Il saisit les seaux avec une rapidité bizarre, les remonta débordants, les plaça tous deux sur la margelle, et dit à Angélus d'une voix émue :

« J'ai soif ; donne-moi à boire. »

Angélus, toujours rieuse, regarda Zacharie plus grave encore ; puis la chère enfant, ne trouvant pas d'autre coupe à tendre aux lèvres altérées, plongea ses deux mains dans le seau et les présenta ruisselantes à Zacharie.

« Comme tu avais soif ! » dit-elle.

Elle prit ses seaux et s'enfuit.

Zacharie ne bougea pas de sa place. Après un moment de rêverie il rouvrit sa Bible au hasard, et trouva ces lignes :

« Et lorsque Jacob la vit,.. il ôta la pierre qui fermait le puits, et ayant abreuvé le troupeau de Rachel, il l'embrassa, et élevant la voix il pleura... »

Toujours le puits et les jeunes filles. Il tourna des feuillets et vit comment Moïse poursuivi par le successeur de Pharaon s'était enfui au pays de Madian, et comment un soir, proche d'une citerne, les filles de Jéthro ayant été insultées par des pasteurs, il avait pris leur défense. A partir de ce moment les vierges de Madian Rébecca et Rachel passèrent devant lui : l'une lui tendait son amphore, l'autre attendait paisiblement qu'il lui aidât dans son travail quotidien.

« Angélus riait ! pensa tristement Zacharie, et moi, pareil à Jacob, j'avais envie de pleurer. »

Si le jeune maître d'école ouvrit plus souvent sa Bible, il ne négligea pas pour cela ses devoirs d'instituteur et de fils adoptif. Les journées se ressemblaient beaucoup entre elles, et cependant il ne les trouvait pas monotones. Les gens à qui beaucoup de mouvement, de changements et de distractions sont nécessaires ont des natures tourmentées ; or le paysan reste placide, même dans ses chagrins ; il doit au calme souverain de la nature une force intérieure, et sa grande supériorité sur l'habitant des villes est d'ignorer l'ennui.

Zacharie ne s'ennuyait jamais. Quand il avait tiré

l'eau, fait sa toilette dans l'abreuvoir des pigeons et rangé sa cellude, il entrait dans la chambre de Patience. L'air pur réjouissait le vieillard, à défaut de la lumière qu'il ne voyait plus. Avec quels soins attentifs Zacharie s'occupait de son père adoptif! Jamais la grande houppelande ne fut si bien brossée; jamais la blanche chevelure du bonhomme ne parut si vénérable, et jamais tant de sucre ne se noya dans la jatte de café au lait dont Zacharie préparait les rôties couvertes de beurre frais. Le vieillard et le jeune garçon déjeunaient sur le même bout de table, la bonne humeur de l'un doublait la sérénité de l'autre. Le repas terminé, avant que les écoliers envahissent la classe, Zacharie guidait l'aveugle jusqu'à la chaire et l'y installait; les enfants entraient, ils tiraient leurs bonnets de laine ou leurs chapeaux devant le vieux maître et récitaient leurs leçons. Quand venait le moment d'écrire, Zacharie paraissait.

« Eh! père Patience, disait-il, si je faisais le modèle des petits d'après le bel exemple encadré qui est votre titre de gloire? »

Patience souriait, ému de la délicatesse qui dissimulait le service. Puis, comprenant que le vieillard avait besoin d'exercice, l'instituteur, quand le temps était beau, rassemblait les enfants dans le courtil, au lieu de les garder dans la maison sombre. Abeilles, enfants, chèvres et pigeons, tout le petit monde faisait bon ménage et Patience creusait encore ses sabots assis au soleil sous la vigne verte. Parfois Zacharie poussait plus loin la complaisance : il emmenait les écoliers en pleins champs. On n'emportait pas de livres ces jours-là ; il s'agissait d'épeler une page du livre de Dieu, Zacharie cueillait des herbes et des fleurs dans les prés, en apprenait le nom aux enfants, leur enseignait à quel usage utile elles peuvent servir.

« Tenez, leur disait-il un jour, vous avez grand'peur de la Limace et vous la tenez pour sorcière ; mais le plus petit d'entre vous saura faire passer la fièvre aussi bien qu'elle, s'il veut se donner la peine d'apprendre à connaître les simples... »

Et il fallait voir le zèle des enfants à apprendre les ressources que nous offrent ces plantes grandies et fleuries à chaque fourré, à chaque coin de champ : la sauge, la centaurée, le bouillon-blanc, la mauve, la fleur de sureau, la bourrache. Ils devenaient herborisateurs sans connaître le mot, et répétaient le soir à leurs familles la leçon de la journée en étalant sur la table les bottes de fleurs et d'herbes qu'ils devaient dessécher, étiqueter et garder.

Jamais Zacharie, qui avait lu bien des contes bleus, ne parlait à ses écoliers de fées, de géants, de poulpiquets. Le domaine de la diablerie, des apparitions, égare l'esprit de l'enfant sans le réjouir, sans le développer. Il le rend craintif, tremblant, et les sentiments dangereux s'engendrent ; l'enfant accessible à la terreur n'aura jamais la spontanéité, la générosité, de celui qui ne tremble que devant ce qui est mal.

Et cependant Zacharie contait beaucoup d'histoires, des histoires de bergers surtout, et comme ses écoliers devaient devenir des paysans, ils y prenaient un grand plaisir. Des enfants de la campagne s'intéressent fort à David berger, combattant les ours et les lions avec sa fronde, car les loups et les sangliers de la forêt de la Nouée sont aussi hardis et presque aussi effrayants. La bergère de Nanterre soutenant les droits de l'humanité devant un vainqueur barbare charmait les enfants ; et quand Zacharie leur parlait de la Vierge du Bois-Chenu défendant la France contre l'Angleterre, les pasteurs poussaient des cris d'enthousiasme, et se juraient de soutenir la gloire du drapeau quand la conscription les ferait soldats. Et ne croyez point que les écoliers trouvassent moins d'intérêt aux actions de Geneviève de Paris, de Jeanne de Vaucouleurs, qu'ils n'auraient fait aux aventures du prince Farfadet ou la fée Dentue. Ils savaient bien que jamais ils n'épouseraient des filles de rois, que jamais ils ne feraient de dons merveilleux à des enfants au berceau ; mais ils comprenaient que le berger peut être brave, bon, vaillant et pieux, et l'émulation leur venait d'égaler ceux de Bethléem, de Domremy et de Nanterre.

Dans les bois il s'agissait d'épier les mœurs des creuseurs de terriers, de cueillir des champignons. On ne dénichait pas les oiseaux pour gober leurs œufs ou mettre les petits en cage. Zacharie expliquait que les oiseaux sont les grands échenilleurs des campagnes, et que s'ils ne prennent pas de brevet, c'est par orgueil des services rendus. Il citait le nom de chaque espèce d'oiseaux qui poursuit telle mouche, tel ver, et sauve les fruits, les grains, de leurs ravages. Le maître d'école ne défendait pas seulement l'oiseau parce qu'il est leste, coquet, charmant et que sa gaieté réjouit le cœur de l'homme. Il le montrait utile, surtout. C'est la mésange qui détruit la mouche dont la piqûre harcèle les grands bœufs, la grive qui empale les sauterelles ; chaque oiseau a ses mets préférés dans la chasse à l'insecte.

« Privez les oiseaux, répétait Zacharie, ne les emprisonnez, ne les tuez jamais... Les grands dompteurs de bêtes féroces, les plus habiles charmeurs d'oiseaux ont été les hommes les plus doux. Un esclave romain, fuyant le carcan de son maître, apprivoisa un lion qui, plus tard, dans le cirque, lui sauva la vie ; une femme à Maldonata, une autre à Florence vainquirent la faim des bêtes fauves. Un homme que l'Église mit au rang des saints ressentait pour tous les êtres de la création une telle tendresse qu'il les appelait ses frères. Il ne parlait jamais des faiseuses de miel sans dire : « mes sœurs les abeilles. » Dans le bourg d'Alviano le bruit d'une volée d'hirondelles l'empêchant de parler, il les pria de rester paisiblement sur un toit jusqu'à ce qu'il eût fini d'expliquer la sainte parole, et elles obéirent. Il privait des colombes et jouait avec elles comme un enfant. Un jour rencontrant un boucher qui menait une brebis à l'abattoir, et voulant soustraire la pauvre douce bête à la mort, il supplia un riche marchand qui passait de lui donner assez d'argent pour payer cette brebis. Quand elle lui appartint, il la mena chez l'évêque, puis dans un couvent de pauvres filles qui la gardèrent pour l'amour de lui et lui tissèrent une robe de sa laine. Dans le désert les ermites avaient les lions pour gardiens et pour ensevelisseurs. L'animal s'éloigne de l'homme parce qu'il le redoute. Dans le paradis terrestre les tigres se couchaient aux pieds d'Ève. La grande force est d'être bon. »

Pour être faites simplement, ces leçons n'en portaient pas moins des fruits. Au savoir plus étendu de Zacharie, Patience mêlait son expérience paternelle. Parfois maîtres et écoliers rencontraient dans les champs l'abbé Kervot lisant son bréviaire. Il reprenait l'enseignement interrompu ; ce que Patience et Zacharie disaient en regardant la terre, le recteur le répétait en regardant le ciel ; alors le vieux prêtre revenait avec le maître d'école, et les laboureurs les saluaient de loin.

Si les journées étaient bonnes, les soirées n'étaient ni moins douces ni moins profitables. Il arrivait souvent qu'après le repas Zacharie devenait écrivain public. Combien de lettres écrivait-il pour les mères dont les fils étaient à l'armée, pour les pères dont les filles servaient à la ville ? Encore fournissait-il le papier avec son style et son temps !

La renommée de Zacharie s'étendait loin. Autant valait souvent le consulter que le juge de paix ; il écoutait avec plus de patience qu'un avocat, cela coûtait moins cher : il possédait d'ailleurs comme eux un code à tranches tricolores. Un soir, Angélus vint toute timide prier Zacharie d'écrire pour elle à sa marraine.

« De grand cœur, répondit le maître d'école, mais la lettre lui serait bien plus agréable venant de ta main.

— Je ne sais pas écrire, dit Angélus.

— Pourquoi n'apprends-tu pas ?

— Je suis trop grande pour aller à l'école.

— Si Guéméné le veut, je te ferai la classe le soir. »

Le tailleur et sa fille acceptèrent cette offre, et Angélus devint l'élève de Zacharie. Son intelligence, son désir d'apprendre, un naïf amour-propre la servirent si bien, que le jeune homme, effrayé du peu de temps pendant lequel il lui serait permis de continuer ses leçons, repoussait parfois les cahiers en lui disant :

« Tu fais trop de progrès ! »

Angélus, qui croyait devenir agréable à son professeur en apprenant vite, n'y comprenait plus rien ; mais elle redoublait de zèle pour tracer en gros, en moyen et en fin des lettres fleuronnées de déliés.

Guéméné ne parla point à Zacharie de payer le prix de ses leçons, mais il se fit une joie d'habiller son jeune ami, et certes nul gars dans le pays ne put se vanter d'avoir des vestes mieux piquées et des gilets plus historiés de broderies.

Quand Guéméné venait chercher sa fille, il apportait son biniou. Les deux sonneurs s'en donnaient à cœur joie. Bientôt dans le village on ne parla plus que des deux musiciens ; les voisins quittaient leurs fermes pour les écouter ; il fallait même promettre que, de temps à autre, le soir, dans la classe vide d'écoliers, on se réunirait pour chanter les chansons du pays et répéter les airs nationaux.

Un dimanche au sortir des vêpres, la fermière des Halliers, une jeune et jolie veuve qui avait du bien au soleil, aborda Zacharie pour lui demander s'il ne consentirait point à mettre au net ses comptes avec Lucas le farinier. Elle avait bien inscrit le blé livré, mais avec un grand désordre, et ne s'en tirerait jamais si le jeune maître ne calculait tout suivant la vérité et sa conscience.

« On vous renomme grandement dans le pays, dit-elle, et j'ai bonne confiance dans votre savoir et votre justice. Mon valet a mis les livres dans la charrette; si vous le pouvez, rapportez-les moi aux Halliers dimanche prochain.

— Eh bien! j'irai, » dit Zacharie.

Le jeune homme travaillait le lendemain à débrouiller tous ces chiffres quand Lucas le farinier entra chez lui.

« J'ai souci, dit-il, de mon règlement avec la maîtresse des Halliers... C'est une fine mouche! mais si tant jolie veuve, que je n'ai mie le courage de lui garder rancune... Cependant, mon garçon, je te prie d'additionner, de multiplier et surtout de soustraire le plus que tu pourras... J'ai derrière ma porte un sac de fleur de froment qui ne doit rien à personne, il ne m'en coûtera guère de le voiturer chez toi... Toute peine mérite salaire... Les hommes doivent s'entendre entre eux... les femmes ne comprennent rien aux affaires...

— Mais vous convenez que la maîtresse des Halliers est une fine mouche...

— C'est selon! elle allonge des chiffres de fourniture, ce n'est pas malin... Mais elle repousse une demande profitable... Si l'eau court à la rivière, le blé doit aller au moulin, pas vrai! Eh bien! qu'est-ce que cela fait que je ruine la fermière si je l'épouse?...

— Vous appelez cela une compensation ? dit en riant Zacharie.

— Eh! mais! répliqua Lucas en haussant d'un geste saccadé son gigantesque col de chemise.

— Écoutez bien, reprit l. maître d'école, voici sur cette table les registres de la veuve, voici les vôtres; je compterai selon ma conscience; en fait de chiffres faux, allez ailleurs.

— Enfin, si tu as besoin de blé...

— Tous ceux de la Beauce ne suffiraient point pour payer un mensonge; voilà! Maintenant reprenez ou laissez vos livres, à votre gré. »

Lucas partit en maugréant. Zacharie, convaincu de sa mauvaise foi, lui donna tort dans l'affaire des Halliers, et le farinier devint son ennemi mortel. La maîtresse du beau domaine convoité par le meunier apprit quelle honnête conduite le maître d'école avait tenue, et lui en resta profondément reconnaissante. Elle ne voulut point payer immédiatement le jeune homme de ses soins; sa délicatesse lui conseilla d'attendre. Du reste, il en était presque toujours ainsi pour Zacharie. Quand il avait pendant une saison écrit les comptes, les lettres d'un paysan, celui-ci faisait un jour porter par sa femme à la maison d'école quelques aunes de toile, une cravate de soie, une paire de poulets gras. Il y avait alors festin chez Patience; Guéméné et sa fille s'asseyaient à sa table et le garçon leur faisait ensuite la conduite au son du biniou.

DANS LES GRANDS BLÉS.

L'époque de la Fête-Dieu approche et met l'esprit de Zacharie en souci. Charpenter un reposoir n'est rien, mais le décorer, la grande affaire! Et ce n'est pas tout encore, il faut une troupe de petits anges puisant à pleines mains des fleurs dans leurs corbeilles pour les semer devant l'ostensoir. Jadis la vieille demoiselle Prunelle s'occupait de ces détails; elle est morte avant la pousse des feuilles, et le maître d'école ne sait plus comment sortir d'embarras. Pourtant quelle sera la pompe de la cérémonie si elle manque d'enfants vêtus de blanc, couronnés de roses rappelant le paradis à la suite du Christ triomphant? Zacharie confie son chagrin à Angélus.

« Soyez tranquille, lui dit la jeune fille, tout s'arrangera. »

Sans consulter le tailleur, qui s'opposerait peut-être à son dessein, Angélus court à la Ferme-Maudite. Elle trouve l'Homme à la Peau-de-Bique débarrassant ses rosiers des fleurs flétries pour laisser librement les roses nouvelles s'épanouir.

Quand Angélus parut, on eût dit qu'un nouveau printemps remplissait le jardin.

« Monsieur, dit-elle, je vais vous demander une chose bien indiscrète, sans doute... mais il s'agit de rendre un service...

— A vous? demanda l'Homme à la Peau-de-Bique avec bonté.

— Non, Monsieur, au maître d'école...

— Patience? ajouta le cueilleur de roses avec malice.

— Zacharie, répondit Angélus plus bas.

— Il est donc en peine, le brave garçon?

— Vous en jugerez... C'est dimanche la Fête-Dieu... Dans les pays lointains où vous demeuriez autrefois, on ne sait pas ce que c'est; mais ici, c'est la solennité de l'endroit, la fête de tout le monde... L'année serait mauvaise si le Seigneur manquait de chapelles pour se reposer et si l'on n'effeuillait pas les jardins partout où il passe... Il faut donc des tentures, des flambeaux, des guirlandes; rien n'est assez riche, assez brillant, assez somptueux! Et puis nous devons habiller des anges...

— Que puis-je faire à tout cela, mon enfant? voulez-vous quelques écus?

— Non, mais la Grise et la carriole. Je sais conduire, je partirai pour Josselin et j'en rapporterai tout ce qu'il nous faut... Comme cela M. le curé sera content....

— Et le maître d'école aussi?

— Oui, le maître d'école aussi... Mais vous raillez, Monsieur, et ce n'est pas bien.

— Allons! allons, ma belle et bonne fille, reposez vous en attendant que j'aie attelé la Grise.

— Vous consentez donc?

— Pour être agréable à Zacharie, en doutez-vous ?

— Je savais bien que vous êtes un brave homme ! » dit Angélus en battant des mains.

Une demi-heure après, la Grise courait sur la route, et la jeune fille la caressait avec une branche de chêne garnie d'un bouquet de feuilles. La fille du tailleur connaissait beaucoup de monde à Josselin : les fournisseurs de son père, marchands de drap, de velours, de bougran, de lacets, de doublures, de boutons. Chez tous elle demanda le prêt de quelque objet destiné à l'ornementation de son reposoir. On la combla de rubans bleus et roses, de mousseline, de fleurs artificielles, et comme elle exprimait sa reconnaissance, on lui répondit:

« Ne nous remerciez donc pas : cela nous procurera le plaisir de vous revoir. »

Un pâtissier poussa même la précaution jusqu'à placer dans le coffre de la carriole des sacs de gâteaux.

« Vous en remplirez les poches des anges, » dit-il.

Angélus revenait ravie du succès de sa démarche, et se trouvait à mi-chemin déjà, quand elle aperçut, débouchant d'un sentier, une femme couverte de méchants habits, marchant avec peine et portant dans ses bras un petit enfant. Elle prenait la route de la Grée, et Angélus, émue de sa lassitude et de sa pauvreté, lui demanda s'il ne lui serait pas agréable de monter dans sa voiture.

Un signe de tête reconnaissant fut la première réponse de la pauvre mère ; la fille du tailleur enleva l'enfant dans ses bras pendant que la voyageuse montait et s'asseyait ; puis, ayant rendu à la mère son cher fardeau, elle puisa dans le sac de gâteaux pour réjouir le petit enfant.

« Que vous êtes bonne ! dit la mère, regardant avec une indicible joie l'innocent dévorer les présents d'Angélus ; je puis bien vous le dire maintenant, je ne sais pas où sans vous il aurait soupé.

— On m'a donné ça pour les anges, et le vôtre en est un...

— Oui, un pauvre ange, dit la voyageuse d'une voix altérée, et cependant il porte la peine des fautes et des malheurs de ses parents. »

Angélus leva sur la jeune mère un regard rempli de compassion.

« Vous ne me reconnaissez point, reprit la pauvre femme, cela ne me surprend pas ; la fatigue, les chagrins, la misère m'ont bien changée... Moi je n'ai pas hésité à me dire : c'est Angélus, la fille de Guéméné le tailleur.

— Oui, et sans doute... Et vous ?

— On m'appelle la Léonarde... »

Angélus pressa la main de la voyageuse ; elle se souvenait de son histoire. Léonarde était la fille d'honnêtes gens, assez pourvus de biens et fort estimés dans le pays. Un garçon faisant métier de colporteur, et qui tous les mois environ traversait le village, la demanda en mariage. Sa vie nomade, ce que l'on savait de son caractère un peu brutal, portèrent la famille à repousser sa requête; malheureusement Léonarde l'aimait. Elle pria, supplia, pleura; ce fut en vain. Le colporteur, fort de la tendresse de la jeune fille et de la violente passion qu'il avait au cœur, s'emporta au lieu d'implorer. Une scène violente eut lieu; le père de Léonarde, insulté, menacé par celui qui souhaitait devenir son gendre, dit à la fille qui ne pouvait se résoudre à renoncer à Julien :

« Épouse-le, si tu le préfères à nous; va de bourg en bourg à la suite de cet homme qui n'a d'autre toit à t'offrir que celui de l'auberge; mais ni toi ni les tiens ne frappez jamais à cette porte. »

Le mariage se célébra, mais les fermiers refusèrent d'y assister, et Léonarde partit sans recevoir leurs baisers et leurs bénédictions.

Le père mourut dans l'année, tué par l'ingratitude de sa fille. La vieille femme survécut. Jamais elle ne parlait de Léonarde, mais on ne pouvait affirmer l'avoir vue sourire depuis qu'elle s'était éloignée.

La Léonarde apprit en quelques mots à Angélus la mort de Julien, les misères subies, le désespoir qui s'était emparé d'elle, puis le besoin impérieux qu'elle avait ressenti de revoir les lieux où se passa sa jeunesse.

« Je n'essayerai pas même d'attendrir ma mère et de triompher de sa rancune, dit-elle. Pour que le Seigneur m'ait si cruellement punie, il faut que j'aie été bien coupable... Veuve... répéta-t-elle, veuve! et mère d'un enfant infirme!

— Infirme! que dites-vous?

— Celui que vous appelez un petit ange vous a souri, il ne vous a pas parlé...

— Mon Dieu! mon Dieu! s'écria Angélus, que de douleurs pour une seule créature! Quoi! jamais il ne vous interroge que du regard, ne vous répond que par des baisers! jamais sa voix ne frappera votre oreille... Que je vous plains! que je vous plains! Mais ce n'est point assez, poursuivit Angélus avec chaleur. Dieu ne vous aura pas vainement placée sur ma route... ayez confiance en moi! Ce que vous n'osez faire, je le tenterai, et le Seigneur me viendra en aide... Voulez-vous me confier votre enfant pendant tout un jour?

— De grand cœur, répondit Léonarde.

— Pendant ce temps vous trouverez l'hospitalité à la Maison-Maudite; vous irez de ma part... A ce grand buisson de houx nous nous quitterons, il ne faut pas que l'on vous voie avec moi... cela dérangerait mes combinaisons... Ah! la peine vous a rendue pieuse, je l'espère! ne manquez pas d'assister à la procession de la Fête-Dieu... Bon courage! nous nous retrouverons au reposoir avec l'enfant. »

Léonarde descendit, Angélus emmagasina ses trésors chez son père, conduisit la Grise chez l'Homme à la Peau-de-Bique, et durant la veillée dit négligemment à l'instituteur :

« Et le reposoir, y songez-vous, Zacharie?

— Trop, et je ne trouve pas une idée pour le faire.

— Voulez-vous savoir la mienne?

— Je gage d'avance qu'elle est bonne !

— Ne parlez pas, mais écoutez toujours.

— Nous écoutons, répondirent à la fois Patience et l'Homme à la Peau-de-Bique.

— Nous habitons dans un village, et le Sauveur est né dans un village. Rappelons-lui son berceau, il ne s'en offensera pas, car il est moins fier que nous... Voici donc ce que je menuiserais si j'étais Zacharie... Une sorte de grotte, vaste, sombre ; les écoliers la tapisseraient de mousse et de fougère. D'un côté je mettrais un grand bœuf roux, de l'autre un âne... C'est bien simple, mais ne riez pas, ce serait touchant. Au moment où le prêtre y entrerait, un rideau, s'ouvrant subitement devant la foule, laisserait voir l'autel étincelant de lumières...

— La grotte, je puis la préparer, dit Zacharie.

— C'est assez, le reste me regarde ; donnez seulement à partir de demain congé à vos élèves. »

Sous les ordres d'Angélus les enfants se dispersèrent par bandes chargées les unes de couper des branches de buis, les autres d'apporter des fagots de houx, un grand nombre d'arracher de la mousse dans la forêt de la Nouée. Pendant que les garçons récoltaient, les filles attachaient les guirlandes, tressaient des couronnes, composaient le devant d'autel d'une mosaïque de fleurs dont les papillons d'or du genêt formaient le fond. La charpente de Zacharie étant prête, on la garnit de mousse ; des touffes de pariétaires et des plants de fougère décorèrent les angles et le plafond. Quand ce travail fut fini, on refusa l'aide de Zacharie pour la chapelle; c'était la surprise, le mystère; on n'en pouvait rien révéler.

Le matin de la Fête-Dieu, Zacharie ne se sentait pas complétement tranquille; cependant la fille du tailleur lui avait bien gaiement souri.

De bonne heure Angélus se rendit chez une de ses voisines. Elle tenait par la main un petit enfant.

« Mère Jaurois, dit-elle, j'ai fort à faire pour habiller en anges tous les enfants de la Gréée, ne m'aideriez-vous pas volontiers?

— Et si, tout de même! répondit la voisine; on est heureux de vous faire plaisir à vous, qui obligez tout le monde.

— Eh bien! tenez! voici la petite robe bleue, l'aube blanche, la corbeille remplie de bleuets et une couronne pareille.

— Te laisseras-tu faire beau mignon? » demanda la mère Jaurois au petit enfant.

Celui-ci ouvrit de grands yeux questionneurs, regarda Angélus pour lui demander conseil; celle-ci sourit en inclinant la tête, et l'enfant jeta ses deux bras au cou de la vieille femme.

« Jésus Dieu! dit la mère Jaurois en devenant pâle, que c'est bon un baiser d'enfant!

— Celui-ci est bien malheureux! son père est mort... et vous le voyez, le Seigneur l'a privé de la parole. »

L'enfant protesta à sa manière; il baisa la main d'Angélus et se rejeta sur la poitrine de la mère Jaurois.

« Il est beau et doux, dit-elle, mignon et tout caressant, pas moins, son âme passe dans ses yeux...

— Je vous le confie, vous me l'amènerez.

— Vous ne le reconnaîtrez plus ! » dit la vieille femme.

Angélus sortit. La Jaurois commença la toilette de l'enfant. Il sautait et riait, battant des mains, faisant à la Jaurois des agaceries de caresses.

« Et dire, murmurait la vieille femme, que ça grandit ces êtres-là, on les aime comme sa chair, ça grandit et ça vous quitte... L'oiseau s'en va... le nid est vide... Celui-là fera comme les autres... Non, pourtant infirme ! il s'attacherait... orphelin, Angélus l'a dit, orphelin ! »

Et pendant qu'elle parlait, la vieille femme lavait le visage rose, peignait les cheveux frisés, passait la robe bleue, l'aube de dentelle, suspendait au cou la corbeille de fleurs.

Oui, c'était bien un vrai petit ange que la voisine conduisait par la main jusqu'à l'église du village !

M. Kervot, le vénérable curé, venait de prendre l'ostensoir sur l'autel et descendait sur le seuil ; le dais l'attendait dans le cimetière. En ce moment la porte de la sacristie s'ouvrit, et une vingtaine de petits enfants vêtus de blanc, couronnés de fleurs champêtres, s'alignèrent et se joignirent au cortége. En même temps la fille du tailleur prit devant l'autel la bannière de la Vierge, et, blanche sous son voile comme une reine des prés, elle suivit les anges avec ses compagnes de la confrérie.

L'émotion arrêta une strophe de la prose sacrée dans la gorge de Zacharie.

Jamais si belle cérémonie ne s'était vue dans le village. On fit le tour du pays, on chemina sous les bois de châtaigniers, la procession défila entre des haies de feuillages et de fleurs. Sur son passage les chevrettes levaient leurs têtes curieuses et des volées d'oiseaux partaient des nids. Ne craignez rien, brebis pacifiques, colombes naïves, grands bœufs placides, celui qui passe est un Pasteur !

L'abbé Kervot se sentit ému à la vue du reposoir de Zacharie. Pour compléter la couleur locale, un âne et un bœuf se trouvaient dans l'intérieur de la grotte, de petits bergers, vêtus de peaux d'agneaux, se tenaient agenouillés à l'entrée. Quelques mendiants se groupaient à côté ; au milieu d'eux Angélus reconnut Léonarde humblement prosternée.

La Jaurois, fière de son ange, le conduisit jusqu'au premier degré de l'autel.

Le prêtre passa ; les rideaux fermant la grotte s'ouvrirent. Le respect de la foule pour la présence du Seigneur contint à peine son admiration. On eût dit un coin du paradis. Tout brillait, embaumait, rayonnait. Les anges firent pleuvoir des roses ; le prêtre, drapé dans son voile de soie brodé d'or, entonna le *Benedicat vos* ; l'anéantissement de l'adoration remplit toutes les âmes, et plus d'une paupière s'humecta de pieuses larmes, et dans les groupes des pauvres on entendait même des sanglots.

La procession reprit le chemin de l'église.

Quand elle en sortit, la Jaurois, qui tenait toujours l'enfant par la main, s'approcha d'Angélus.

« Écoutez, lui dit-elle avec une brusquerie émue, vous avez dit que cet enfant est orphelin... Je suis seule, riche !... Il est pauvre, infirme, il m'aimera... Donnez-le moi, et je le garderai...

— J'ai dit que son père était mort, répondit Angélus... Je n'ai pas ajouté qu'il n'avait plus de mère...

— Sa mère est malheureuse, sans doute... l'enfant portait des haillons... le petit pâtirait près d'elle... Moi je le gâterai... Si vous connaissez la mère, dites-lui...

— Demandez-lui vous-même ce que vous souhaitez, » répliqua doucement Angélus.

Puis, saisissant par le bras une mendiante, elle l'amena devant la Jaurois ; la mère tomba sur ses genoux.

Le petit enfant écarta les mains dont elle couvrait son visage ruisselant de pleurs, et la Jaurois recula poussant un grand cri :

« Léonarde !

— Mon enfant ! dit la mendiante en enlevant le petit dans ses bras, mon enfant bien-aimé ! »

La vieille femme se baissa vers Léonarde, et d'une voix étranglée par l'émotion :

« Donne-le moi ! dit-elle, donne-le moi ! »

Alors Angélus, passant les bras du petit ange autour du cou de chacune des femmes, leur dit presque aussi troublée qu'elles-mêmes :

« C'est le contraire du jugement de Salomon... partagez ce trésor-là. »

Elle mit un baiser sur le front de l'enfant et s'enfuit.

Zacharie sortait en ce moment de l'église avec ses écoliers. Une fleur de pudeur aviva la teinte des joues de la jeune fille, elle se sentait heureuse, et cependant elle tremblait.

« Ah ! fit Zacharie, c'est trop de bonté à toi d'avoir créé ces merveilles ! Jamais on n'en vit autant à la Grée et pendant des années on parlera de cette Fête-Dieu. T'es-tu donné du mal pour tout préparer, orner, fleurir de la sorte !

— As-tu compté les heures tandis que tu m'enseignais à écrire ?

— Quelle différence ! s'écria Zacharie.

— Pourquoi ? demanda Angélus.

— Oui, au fait, pourquoi ? ajouta Patience : tu lui aides dans sa besogne, elle t'aide pour la tienne ! C'est la vraie fraternité, vantée dans les villes, pratiquée aux champs. »

Zacharie respira comme si on l'eût soulagé d'un grand poids.

« Ne veux-tu pas te promener un peu ? demanda ensuite le maître d'école à la jeune fille.

— Dans cette toilette ?

— Elle est bien jolie ; elle te sied... je voudrais que ce fût tous les jours la Fête-Dieu ! »

En ce moment la fermière des Halliers s'avança :

« Je suis contente de vous rencontrer, maître, dit-elle, car j'ai de nouveau à réclamer de vous un service.

— Que désirez-vous la Ravenelle ?

— Il s'agirait de coucher sur le papier un inventaire,

avec des estimations du bétail et des rendements des champs.

— Je ne suis ni fermier ni marchand de bœufs, répondit Zacharie avec un sourire.

— Vous avez prouvé du moins que vous savez compter en toute justice.

— S'il s'agit d'être honnête ! dit Zacharie...

— C'est suffisant pour en remontrer aux meuniers ; vous m'avez épargné de grands ennuis et peut-être un procès... Je vous attendrai dimanche prochain après les vêpres.

— C'est entendu, » répondit le maître d'école.

La semaine suivante, une fois l'office terminé, Patience dit à son fils d'adoption :

« Mon garçon, la miche est tendre et le cidre frais à la ferme des Halliers ; tu souperas sans doute chez la Ravenelle : ne te mets point en peine de moi ! Guéméné me fait place à sa table ce soir. »

Zacharie s'éloigne, et le tailleur, qui le regarde, dit à Patience :

« Vous a-t-il bon air, ce garçon ! leste tournure et mine affable. Il chemine la jambe preste, portant comme un seigneur son bel habit de drap bleu, son gilet à six rangées de boutons et ses souliers à boucles luisantes. Et quel soin il vous a des moindres détails ! Son linge est le plus blanc du pays ; il attache sa cravate avec la fine épinglette de laine morbihannaise, et la soie de son chapeau s'ébouriffe dans le meilleur genre. Un beau garçon tout de même, un vrai beau garçon ! »

Zacharie se sentait allègre et dispos, en effet. A le voir regarder les champs avec une expression de joie si vive, on eût dit qu'ils lui appartenaient.

Et cependant pas un pouce de pré, même de lande, n'est au jeune maître d'école. Mais il entre dans la Terre promise, cette féconde récompense de ceux qui sont doux, actifs et dévoués. Il sent battre son cœur à toutes les pensées généreuses, aucun devoir ne le trouve rebelle, aucune tâche ne lui paraît dure. Quelque humble que soit sa place dans le monde, il sait qu'il la remplit consciencieusement. Cette satisfaction intime, le bon témoignage qu'il se rend de sa conduite, lui donnent ce port de tête assuré, ce franc regard, ce bon sourire.

Que cette plaine dorée réjouit le regard !... Zacharie étudie, admire ; puis tout à coup il lui semble que les bleuets se changent en prunelles d'azur, que les fleurs d'églantier deviennent des joues roses, que les clochettes des grands convolvulus se métamorphosent en robes de jeune fille, que le chant de l'oiseau qui gazouille sous le prunellier est sa voix à elle, Angélus... Et il s'en va, l'humble maître d'école, une fleur aux lèvres, et le paradis de la terre dans le cœur.

III

GRANGES ET FENILS.

Quand Zacharie entra dans la cour des Halliers, il demeura surpris de l'air de prospérité du domaine. Le tas de fumier dépassait la hauteur de la muraille. Sous un hangar les charrues bien rangées faisaient plaisir à voir. Les socs et les faux reluisaient. Les charrettes de toutes formes, fraîchement peintes, réjouissaient l'œil. Les fourches, les râteaux, les herses s'alignaient avec goût. Le cellier gardait de rassurantes profondeurs, et trois rangs de barriques empêchaient les gens des Halliers de redouter la disette de pommes. Tout à coup la porte d'une barrière violemment poussée laissa paraître une masse sautante, bondissante, de moutons noirs, bruns et blancs. Une fillette les égayait plus qu'elle ne les frappait de sa houssine, tandis qu'un chien à flancs maigres, à museau pointu, mordillait les oreilles de quelque retardataire. Il y avait bien là cent têtes de bétail pour le moins, et la laine semblait fine et de belle espèce. Les derniers agneaux passaient le seuil de la bergerie, quand la clochette de la génisse blanche, unie aux sons d'une corne de bouvier, signala le retour des vaches. Deux fauves, petites, mais bien encornées, suivaient la favorite; puis une *gare* accompagnée de son veau qui dodelinait sa grosse tête naïve; quatre bœufs superbes venaient à la suite. Le taureau noir marchait la tête basse, un peu sournoisement, mais son regard était de charbon rouge et ses cornes effilées comme un stylet. Zacharie compta quatorze bêtes saines, luisantes de robe, témoignant de la qualité de l'herbe des prés et des soins du bouvier. Des piailleries, des cris aigus, des gloussements sourds, des effarements d'ailes, une course folle signalèrent dans la cour l'arrivée des oies et des dindons ramenés de la pâture par un petit gars plus rouge qu'une pomme, et jaseur comme une rainette de marais. Il parlait à ses ouailles, les appelait par leurs noms, les complimentait ou les criblait d'invectives. Une d'elles, parée d'un collier de fleurs, le suivait au moyen d'une laisse de jonc. L'*Enfant à l'oie*, cet antique chef-d'œuvre, a moins de grâce naïve que ce marmot vêtu d'une chemise rousse et d'un pantalon semblable arrêté aux genoux, et dont les cheveux noirs s'ornaient à la fois d'une plume de dindon arrachée sans le consentement du volatile, d'un coquelicot rouge et de brindilles de foin.

La Ravenelle, l'accorte veuve des Halliers, aurait préparé cette mise en scène pour frapper l'esprit de Zacharie par le tableau de l'opulence champêtre, qu'elle n'eut pas mieux réussi. Le maître d'école regarda l'un après l'autre défiler les troupeaux; puis, craignant de passer pour indiscret ou curieux, si on le surprenait debout au milieu de la cour, il se hâta de pénétrer dans la maison.

La salle paraissait énorme, quoiqu'elle fût garnie de meubles à n'y plus pouvoir ajouter un escabeau. Quatre armoires occupaient quatre panneaux ; luisantes de ferrures en trèfles, égayées de sculptures, elles supportaient des piles de *bannes* neuves, des écheveaux de fil, des *poupées* de lin disposées pour la quenouille. Le vaisselier à colonnettes fuselées contenait des plats d'étain, des brocs semblables, de la vaisselle réjouissante à l'œil. Sur la crémaillère de la cheminée, des fusils témoignaient que les gars de la ferme ne faisaient faute de tirer sur les renards, les loups et même sur les sangliers. Une table de chêne à pieds tors et trapus occupait le milieu de cette pièce. A l'un des bouts une *touaille* de toile à franges était couverte d'un pain, de vingt-quatre livres de fine fleur de seigle, et de deux douzaines de galettes de sarrasin, légères comme de la dentelle. Trois pots de cidre mousseux, des verres renversés avec soin, des tranches de lard rosé dans un plat, donnaient confiance dans l'hospitalité de la maîtresse du logis.

La Ravenelle parut enfin. A peine eut-elle dit au maître d'école deux mots de bon accueil qu'elle s'empressa d'ouvrir la fenêtre toute grande, et Zacharie la vit dans l'éclat de sa parure et de sa beauté. La Ravenelle comptait vingt-sept ans. Elle était grande, forte sans lourdeur. Son teint d'un ton chaud gardait des veloutés de fruit mûr ; ses yeux brillaient de contentement, parfois de malice. Dame ! tout lui souriait à cette accorte veuve ; elle ne jalousait personne, et chacun dans le pays la pouvait envier. Sa toilette indiquait l'opulence et la recherche. Sa jupe de drap garnie de six rangs de velours plissait bien sur les hanches, son mouchoir de soie bleue tiré en cœur dans le dos laissait voir un chiffonnage de fines dentelles ; sur son épais chignon voletaient les ailes de sa coiffe retenue en avant par des épingles d'or à têtes guillochées. Une manche de batiste blanche se rebrassait sur le poignet du corsage, et de larges rubans de taffetas flottaient à son tablier noir. La bonne grâce aimable s'unissait chez elle à la fleur de la santé, à la puissance de la jeunesse. Elle souhaita un amical bonjour à Zacharie, lui versa du cidre couleur de topaze et choqua son verre contre le sien. Puis, après avoir demandé au jeune homme des nouvelles de Patience, de l'école et des gens de la Créée qu'elle connaissait, elle ajouta :

« Avant de coucher des chiffres sur le papier, allons visiter les fenils et les granges. »

Le maître d'école la suivit.

Les greniers regorgeaient de froment en sac, en tas. Les couloirs eux-mêmes en étaient pleins.

« Luc le farinier leur fait la cour, » dit en riant la fermière.

Si Zacharie avait été un habitant des villes, même un paysan déluré, il n'aurait point manqué de tourner un compliment à la jolie veuve, mais il n'y pensa point ou s'arrêta faute de savoir s'y prendre. La Ravenelle y comptait cependant, car elle regarda le jeune garçon et se mit à sourire.

Des greniers on passa dans les fenils, les bottes parfumées débordaient les fenêtres étroites, et si l'on promenait les regards sur la campagne, on comptait au moins quatre meules par pré.

« Que voulez-vous! dit la Ravenelle à une remarque de Zacharie, il y a beaucoup de bétail ici! »

La fermière emmena ensuite Zacharie dans l'étable aux vaches, dans la bergerie. Le poulailler ne fut point oublié. La fermière mettait une sorte de coquetterie à étaler ses richesses devant ce pauvre garçon qui ne possédait pas une motte de terre.

Rentrée de la promenade, elle plaça devant lui des registres, du papier, et le pria de calculer la valeur totale de son bien.

« Mais je n'ai pas tout vu, répondit le jeune homme.

— Aussi je demande seulement l'estimation de ce que vous connaissez; dimanche nous ferons un tour dans les champs. Il s'agit aujourd'hui du bétail... Cent moutons à...

— Quinze francs au bas mot, dit Zacharie, cela fait quinze cents livres.

— Huit bœufs.

— Ah! pour les bœufs, je n'en vis jamais de semblables.

— Ils viennent d'Angleterre, ajouta la veuve.

— Est-ce assez de six cents francs?... Oui, total : quatre mille huit cents.

— Soixante oies, vingt-quatre dindons, valeur égale à peu près, six francs.

— Qui nous donnent cinq cents francs passés.

— Et les vaches, maître Zacharie, et le taureau noir?

— Deux mille pour le tout, madame la fermière.

— Les chevaux et le poulain ?

— Douze cents livres... Une belle addition à faire, tout de même... quatre mille huit... quinze cent... plus cinq... ajoutons deux mille... total dix mille quatre francs, toujours au bas mot...

— Et pour le bétail seulement, ajouta la Ravenelle... Maintenant le chiffre des sacs de grains, de blé noir, de seigle, avec leur valeur diverse... Bon ! Maintenant le prix du foin... Il a augmenté cette année... Eh bien ! c'est assez joli, n'est-ce pas?

— Il y a là dedans la dot de dix filles laides ! s'écria Zacharie.

— Pourquoi s'arrête-t-il en bon chemin ? se demanda la Ravenelle; il aurait bien pu ajouter : Qu'est-ce donc pour vous qui êtes jolie ?... Allons, reprit-elle tout haut, voilà bien assez de chiffres pour une vesprée de dimanche; laissons les servantes mettre le couvert et visitons le verger, nous y cueillerons des fruits. »

La Ravenelle prit une corbeille et passa la première pour montrer le chemin à Zacharie.

« J'aime les fruits, dit-elle, mais pour moi et mes amis plus que pour le profit qu'ils rapportent. Je n'en envoie guère au marché... Regardez ces pêches rouges, ces poires jaunes d'or, cela donne soif. Nous aurons du raisin cette année, quoique dans notre Bretagne le vent soit bien âpre pour lui permettre de mûrir. Admirez-vous les coings pendus à ces gros arbres? on les dirait enveloppés de duvet. Les figues seront pour plus tard... On jase un peu dans les autres fermes de me voir conserver comme à la ville ces beaux fruits dans du sucre et du cognac ! mais bah ! ceux qui les goûtent ne s'en plaignent guère ! Cueillez donc un bouquet de roses, maître Zacharie, il égaiera demain la classe et vous rappellera votre première visite aux Halliers. »

Le jeune homme coupa quelques branches, en ôta les épines ; puis une grosse cloche sonnant à toute volée :

« C'est le souper, dit la Ravenelle, venez. »

D'habitude on est avare de lumière dans les campagnes, mais la belle veuve ne ressemblait en rien aux autres fermières ; peut-être voulait-elle aussi charmer, surprendre, étourdir son hôte. La salle bien éclairée présentait le plus riant aspect. Pour la maîtresse du logis et pour Zacharie assis au haut bout de la table, on avait servi du vin. Le repas fut abondant, recherché même pour le pays, car il y avait deux poulets dorés au feu sur un lit de cresson cueilli à la fontaine voisine. Le dessert se composa des fruits du verger. Une servante active et soigneuse changeait les assiettes de Zacharie, ce qui lui parut un grand luxe et ne lui déplut pas ; il avait le sens des choses recherchées. On trinqua à la santé de Patience, et les valets eux-mêmes burent un vin réchauffant.

« J'espère, dit la Ravenelle quand Zacharie parla de retourner à la Gréée, que vous ne songez point à vous y rendre à pied. Le temps se couvre... un orage est possible... Janot attellera la carriole et vous conduira.

— Je suis bon marcheur, répliqua Zacharie.

— Vous serez plus vite rendu ; d'ailleurs, Patience vous attend.

— Ça c'est une bonne raison, madame la fermière, et je vous en remercie. »

Janot attela, le maître d'école salua trois fois en disant bonsoir à la Ravenelle et *à vous tous la compagnie*, et monta dans la voiture. Le fouet de Janot claqua mêlé à un hue! dia! énergique, et le dernier adieu de la fermière fut le bouquet de roses oublié par le jeune homme et que la jeune femme jeta dans la voiture.

Zacharie s'abandonne avec une sorte de mollesse au balancement du char agreste. Il constate que la route est longue des Halliers à la maison d'école, que la jument trotte bien, que la carriole n'est point mal suspendue. Le souvenir de l'opulente maison dont il vient d'évaluer les richesses en partie lui revient obstinément à l'esprit. Puis l'image de la Ravenelle elle-même, avec ses atours coquets, sa belle mine, son assurance née de la conscience de sa valeur et de sa situation, passent devant lui.

« Le garçon qui l'épousera ne sera jamais inquiet de sa vie! » se dit-il.

On approche de la Gréée; Zacharie distingue le bêlement de sa chèvre!... une chèvre dont le lait fournit le déjeuner du matin pour lui et pour le vieillard... Quel troupeau là-bas! les grands bœufs, il les voit encore... quelles laitières que les vaches! On est bien heureux d'être riche!

Janot tire la bride de la jument. On est arrivé; Zacharie descend, la carriole rebondit sur le sentier pierreux, Janot jette au maître d'école un bonsoir dans lequel le respect s'unit à une gaîté malicieuse. Zacharie rentre sans bruit dans la maison. A la lueur de la résine, combien sa chambre lui paraît mesquine et laide! Un lit maigre, une chaise d'osier, des meubles rabotés d'une main inhabile .. Zacharie ne se souvient plus du pur contentement qui lui remplit l'âme le jour où il entra dans cette cellule le cœur palpitant d'un honnête orgueil à la pensée que ce chétif mobilier sortait de ses mains. Il ne se souvient plus qu'il a pleuré de joie dans cette chambre étroite, qu'il y a prié pour tous ceux qu'il aime, que penché sur cette table mal dégrossie il a écrit durant de longues nuits, jusqu'à ce qu'il fût capable de passer son examen et d'obtenir son diplôme d'instituteur.

Sans nul doute l'électricité de l'atmosphère concourt à maintenir Zacharie dans cet état de souffrance nerveuse. L'orage prédit par la Ravenelle éclate avec force, des éclairs livides traversent le ciel noir; la pluie tombe à torrents et frappe les vitres de gouttes retentissantes :

« Ah! mon Dieu! se dit le jeune homme, demain les blés seront couchés! »

Le lendemain, en effet, les sentiers étaient noyés d'eau, les champs avaient un aspect morne; les femmes qui venaient au puits paraissaient inquiètes.

Durant tout le jour, Zacharie resta sombre, il se montra même un peu dur avec les écoliers, et pendant les repas il ne parla point.

Patience, ne pouvant lire sur son visage quelles émotions l'agitaient, étudia le son de sa voix ; il la trouva cassante et trahissant l'ironie.

Le soleil venait de se coucher; le vieillard, appuyé sur le bras de son fils adoptif, quittait le banc de pierre pour rentrer à la maison. Il prit le poignet du jeune homme.

« L'affliction dans l'esprit, dit-il, la fièvre dans le sang... Tu souffres, Zacharie, poursuivit-il, ne cherche pas à me le cacher... je reste clairvoyant par le cœur, vois-tu! Un nuage a passé dans tes songeries, il a tout rendu sombre... Il t'a porté pendant une nuit et un jour à dédaigner la vie que tu as su faire estimée et bonne... Quand on te parla pour la première fois de devenir maître d'école, tu pleuras de joie, de reconnaissance, comme si l'on t'ouvrait le ciel. Maintenant tu regardes trop haut, et te voilà triste... Blés couchés! mon enfant. L'âme et les champs ont de ces heures-là! L'ondée d'hier a courbé les épis; si cet orage était tombé il y a deux mois, la récolte aurait été perdue, mais les blés sont assez forts pour se relever, et demain tu les verras plus droits, plus fiers que jamais... Si l'épreuve subie par ton âme était venue il y a quelques douze mois, je me serais inquiété pour ton bonheur; mais je me suis rassuré, l'esprit est honnête, le cœur bon, l'âme trempée... le blé couché se relèvera...

IV

LE PARFUM DES CHANVRES.

La semaine paraît longue à Zacharie; il éprouve un violent désir de retourner aux Halliers. Il se demande quel homme deviendra le mari de la fermière, car sûrement la Ravenelle ne restera point veuve.

Tiendra-t-elle à ce que le prétendant soit riche? Non sans doute, puisque Luc le farinier lui déplaît, malgré les soixante mille livres qu'il possède. Mais il ne manque point aux alentours de beaux gars, fils de fermiers, qui la viendront courtiser et la décideront au mariage. Ils s'installeront dans le domaine, et leur vie sera la plus douce et la plus facile du monde.

Zacharie trouve la Ravenelle dans la grande salle. Ses atours sont plus riches que le dimanche précédent; elle a mis tous ses bijoux, comme si, répudiant ses souvenirs de veuvage, elle se préparait à de nouvelles accordailles. Son accueil est un mélange de bonté et de raillerie. Elle est sûre d'elle-même, et comprend qu'elle exerce une influence sur ce jeune homme qui la regarde à la dérobée, comme s'il ressentait frayeur et respect.

« Cette fois, dit la Ravenelle, nous visiterons les champs. Prenons par les prés ; les talus sont tout garnis de chênes qui l'an prochain se trouveront bons pour l'ébranchage et fourniront des milliers de fagots. Remarquez-vous, Zacharie, que j'ai fait planter des arbustes utiles entre les gros arbres ? Ce sont à vrai dire les enfants du village et les voyageurs qui profitent de mes groseilles et de mes framboises ; mais, je le sais, ils ne me causent point de dommages ; quand la poussière de la route les altère, ils sont heureux de grapiller mes buissons !

— Vous n'oubliez rien, dit Zacharie.

— Que voulez-vous ! je suis égoïste, et par égoïsme j'aime à être aimée... C'est si bon de savoir que dans tout le pays on pense que la Ravenelle est une bonne femme... Les gens me savent gré de ces attentions... Vous trouvez mes prés verts... ils donnent une récolte magnifique, double et triple parfois. Ah ! dame, je leur garde de l'eau par le drainage, et ils sèchent moins vite que ceux des voisins. »

Quand la fermière et Zacharie eurent visité les champs de froment, de seigle, d'avoine, de blé noir, ils revinrent par les chènevières. Le chanvre était magnifique et dépassait la taille d'un homme. Son parfum âcre et fort pénétrait le cerveau. Ses grandes feuilles sombres s'agitaient doucement. Il ne vivait pas de fleurs au pied, les émanations de la puissante plante textile les empoisonnaient à peine écloses.

Tandis que la veuve et son compagnon suivaient la chènevière, la Ravenelle questionnait Zacharie sur sa vie d'enfant.

Il en peignit les angoisses, les tortures; il raconta naïvement ses jours de famine et d'effroi. Il vit la fermière s'essuyer les yeux quand il peignit la nuit sinistre et bénie tout ensemble pendant laquelle Patience le recueillit.

« Ah! dit la Ravenelle, vous avez grand mérite à vous être instruit comme vous l'avez fait. Quel enfant aurait eu votre courage pour sortir des Pierriers et décider qu'il devrait tout à son travail! Un grand nombre de garçons du pays, des plus huppés et des plus fiers, savent à peine signer leur nom, et cependant leur famille les a envoyés des mois et des années à l'école... Mais vous! L'on n'a pas besoin de demander si vous êtes loyal, probe, reconnaissant, sincère; vous n'avez jamais besoin de plaider votre cause, les faits parlent pour vous... »

Zacharie se sentait confus et charmé de s'entendre louer de la sorte. Jamais si flatteuses paroles n'avaient éveillé son orgueil. Lorsque Patience l'approuvait en quelque chose, c'était en peu de mots, par un « C'est bien! » ou « Tu as fait ton devoir ». — Mais la Ravenelle avait de bien autrement douces paroles, et ce qu'elle disait gagnait mieux le cœur.

« Tenez, reprit la fermière, on vante beaucoup ici Michot, le marchand de bœufs; eh bien! je ne l'accepterais pas pour mari quand il aurait sa ceinture gonflée d'or, et un troupeau de cent paires de cornes. Il parle aux gens de chez lui comme aux animaux qu'il mène à la foire; et si je tiens à quelque chose, moi, c'est à la bonne grâce du langage, aux façons aimables et douces. Je ne suis point comme les veuves qui jurent de ne jamais se remarier et qui connaissent tous les bons partis à choisir de dix lieues à la ronde ; j'ai un trop lourd train de maison pour en garder seule le fardeau... Je prendrai pour compagnon de ma vie un homme capable de tout diriger aux Halliers, même sa femme ! Le mari doit être supérieur à sa compagne pour tout ; ah ! je ne parle point de fortune, tant mieux pour celui qui en possède davantage, il peut donner plus et témoigner d'une amitié plus grande... On me dit orgueilleuse ; c'est surtout dans mon mari que je placerai mon orgueil... Ce pauvre Guillaume, dont le ciel ait l'âme ! m'apporta plus de biens que de contentement ; cette union fut une affaire de famille... quand il s'agira de me marier, je suis décidée à choisir ! Si l'on se donne un maître, au moins faut-il n'en pas trouver le joug trop lourd. N'est-ce pas votre avis, Zacharie ?

— Certes, dit le jeune homme, il faut de la prudence dans son choix ; il ne manque point de garçons à la parole dorée, promettant d'être soumis, complaisants, et la plupart des femmes se laissent séduire et convaincre.

— Alors elles manquent d'expérience. J'éprouverais bien plus de confiance en un jeune homme réservé, presque timide, que dans un de ces beaux parleurs. »

Pendant que la Ravenelle s'exprimait de la sorte, d'une voix lente et plus douce que d'habitude, Zacharie se sentait profondément ému. — Sont-ce les parfums de la chènevière qui troublent son cerveau ou les phrases dorées de la belle fermière ? Il se demande s'il a bien compris ou si son orgueil l'aveugle ; s'il a compris, si, comme elle le dit, la Ravenelle ne demande pour époux qu'un homme habile et savant ; si, se trouvant assez riche, elle n'exige de lui qu'une bonne renommée et de la tendresse ; pourquoi, si ce n'est à lui qu'elle songe, lui dit-elle tout cela, tandis que côte à côte ils cheminent le long des chaumes ?

L'ambition envahit la pensée de Zacharie. Cette fois la réalité dépasserait le rêve. Quoi ! ce domaine lui appartiendrait, il serait le maître des Halliers, le plus gros fermier de l'endroit ! Et pourquoi pas ? Ne ferait-il point honneur à cette subite fortune ? ne l'a-t-il point en quelque sorte conquise par sa probité, son travail ? La Ravenelle le dit elle-même, et dans quel doux langage allant droit au cœur ! On ne saurait l'accuser de faire un mariage d'intérêt, car, si la jeune veuve compte trois ou quatre années de plus que lui, on s'inquiète peu de ces sortes de différences à la campagne ; d'ailleurs, de l'avis de tous, la fermière des Halliers est une belle et séduisante femme. Une autre pensée que celle de l'ambition pénètre dans l'âme de Zacharie, plus d'une fois il s'est demandé quand cesserait pour lui la solitude. L'affection de Patience ne saurait toujours lui suffire. Le pauvre maître d'école ne trouvera-t-il point une compagne de sa vie ? n'aura-t-il jamais une amie des bons et des mauvais jours pour lui confier ses joies, ses peines, lui demander aide et conseil ? Quand le soir en été sa tâche est finie, qu'il serait bon de s'en aller tous deux le long des sentiers parlant de l'avenir, et peut-être des enfants !

La fermière marche un peu en avant ; qu'elle garde

bonne grâce ! elle se retourne et sourit : le franc sourire ! Et Zacharie froisse d'une main nerveuse les feuilles de chanvre dont ses doigts conservent le parfum sauvage.

Il pense, il sent, il désire, il souffre ; cependant il se tait ; il ne trouve rien à répondre à tant de flatteries ingénieuses et de tendres encouragements. Sa timidité lui étreint le cœur, l'oppresse. La fermière le comprend et lui vient en aide, car elle reprend l'entretien sur mille objets divers, et ne paraît nullement offensée de la réserve de Zacharie. Cette flatterie lui semble la plus délicate de toutes. On rentre à la ferme ; on soupe. Comme la semaine précédente, la Ravenelle fait atteler la carriole, et peu s'en faut que Janot n'appelle Zacharie « notre maître » en prévision d'un événement que les gens des Halliers regardent déjà comme probable. L'adieu de la fermière est contenu dans ce mot seul : « A dimanche ! A dimanche ! » Tout le long du chemin Zacharie s'occupe de la Ravenelle, et Janot, qui n'est pas aussi bête que son nom, ne fait faute de lui en vanter les mérites. On dirait que, depuis la maîtresse jusqu'aux serviteurs, tout aux Halliers concourt à un même but, celui de tourner la tête à cet honnête garçon dont les ambitions avaient un vol jusque-là si modeste.

Quand Zacharie essaie d'oublier les détails de cette journée, et de chercher le repos dans le sommeil, un rêve lui apporte l'image de celle qu'il ne voudrait plus retrouver dans sa pensée.

Sa veille brûlante s'apaise à peine à l'aurore, et

quand il sort d'un lourd sommeil, les jaseries des femmes entourant la margelle du puits lui rappellent subitement Angélus. Zacharie se plonge le visage et les mains dans un seau plein d'eau et s'élance dans la cour. Il voit Angélus debout ayant à ses pieds les seaux remplis ; pour la première fois Zacharie ne lui rend pas le bon office matinal auquel il l'avait habituée. Il surprend la fille du tailleur les yeux tristement fixés sur la fenêtre, un remords poignant lui traverse l'âme.

Il s'approche interdit, embarrassé, et Angélus, le voyant fort pâle, lui demande :

« Êtes-vous malade ?

— J'ai peu dormi, répondit-il ; je suis bien peiné que vous ayez fait toute seule cette lourde besogne.

— Merci du regret, » dit-elle en s'éloignant.

Zacharie se sentait mécontent de lui-même ; après sa classe il erra du côté de la maison du tailleur et demeura surpris de voir la Ravenelle en conversation animée avec Guéméné. Il tira de loin son chapeau, la fermière remonta dans son char, et le tailleur vint serrer les mains du jeune homme.

« Je passerai un mois aux Halliers, dit-il ; la Ravenelle vient de me retenir. Un couturier n'est pas de trop dans un si grand domaine. La maîtresse donne à chaque valet un habillement complet, sans compter les justes et les cottes plissées des filles...

« Je n'aurais point consenti à laisser Angélus seule à la maison ; la Ravenelle fait bien les choses, elle invite ma fille comme une amie, et nous partons ce soir.

— Pour tout un mois ?

— Une semaine ; tu viens chaque dimanche aux Halliers.

— C'est vrai ; pourtant cela me paraîtra long. »

Rentré chez lui, le jeune homme resta longtemps la tête plongée dans ses mains cherchant à s'expliquer son propre cœur. L'idée de ne plus voir Angélus en s'éveillant, à l'heure où la cloche sonnait l'*Ave Maria*, l'affligea profondément. A la pensée de retrouver désormais Angélus à côté de la belle fermière, il ressentit une sorte de honte.

« Cependant, murmura-t-il, cela vaut mieux ainsi. »

La semaine traîna ses sept jours.

Zacharie court sur le chemin des Halliers ; en entrant dans le jardin il aperçoit la Ravenelle tenant sous son bras celui de la fille du tailleur. Le contraste était frappant et complet entre ces deux femmes. L'une parlait vivement, gaiement, sûre d'elle-même, pleine de confiance dans l'avenir ; l'autre écoutait grave et pensive. La maîtresse des Halliers portait un costume éclatant ; Angélus avait la jupe de toile blanche plissée du haut en bas comme les calasiris égyptiennes, la coiffe à longues barbes, et au côté un bouquet de scabieuses. Rien ne pouvait rendre la tristesse de ce petit bouquet sombre sur ce cœur de seize ans.

L'accueil de la fermière fut empressé ; celui d'Angélus presque glacial. Un moment le chagrin qu'en ressentit Zacharie fut si vif qu'une larme lui monta aux yeux ; mais il crut de sa dignité d'homme de ne point paraître s'en apercevoir, et sa conversation fut plus gaie que jamais. D'ordinaire avec la Ravenelle il se montrait silencieux ; cette fois sa langue se délia comme par miracle, et la belle veuve, flattée d'un changement qu'elle s'attribua, redoubla de coquetteries pour le maître d'école.

Affectation de la part d'Angélus ou hasard fortuit, la jeune fille ne se trouva pas un moment seule avec Zacharie. On se promena le reste du jour, sans qu'il fût question de chiffres.

« Mais, dit au soir la Ravenelle, vous venez de donner congé à vos écoliers ; passez ici huit jours de vacances, vous achèverez mes comptes et vous assisterez aux fêtes de la moisson. La Jaurois s'occupera volontiers de Patience.

— La bonne idée! s'écria Guéméné. N'oublie pas ton biniou, que nous enchantions la maîtresse par de belles sonneries! »

Zacharie regarda Angélus ; la jeune fille détourna la tête.

« J'accepte de grand cœur! s'écria le jeune homme ; on ne peut résister à la bonne grâce de la Ravenelle. »

Loin de s'attrister de l'absence de Zacharie, Patience se réjouit à la pensée que son enfant jouirait de quelques jours de loisir. Léonarde et sa mère se chargèrent avec bonheur de lui rendre les petits services dont il aurait besoin, et le jeune garçon quitta la Gréée sans inquiétude au sujet de son père adoptif, mais non plus complétement rassuré sur son propre cœur. Ce qui dominait en lui en ce moment c'était sa rancune contre Angélus. Il fallait qu'elle fût bien ingrate pour le traiter avec ce dédain persistant. Elle ne lui adressait jamais la parole, lui répondait à peine et détournait la tête pour ne point rencontrer son regard. En quoi l'avait-il jamais offensée? Depuis deux ans un échange de bons offices les unissait comme une sœur à un frère, et subitement elle dérangerait cette amitié si vraie, si tendre, que souvent il lui donnait un autre nom tout bas.

« C'est une coquette! se dit-il; la Ravenelle, qui passe pour sûre d'elle-même et qui en a bien le droit, met plus de simplicité dans sa façon d'agir. »

Zacharie prit son biniou et, ne trouvant personne aux Halliers, il gagna les champs.

On eût dit un fleuve d'or. A la tête de chaque sillon était un moissonneur; les faucilles passaient luisantes au soleil, coupant à mi-hauteur de la paille, la poignée d'épis tenue par la main gauche du travailleur. Une même ardeur les animait; leur zèle se doublait d'amour-propre. Nul ne permettait à son rival d'abattre plus vite un sillon. A midi les moissonneurs quittèrent leur besogne et se réunirent sous les vieux châtaigniers à feuillage lustré. La soupe était chaude, le cidre frais; on se coucha au soleil, le mouchoir à carreaux rouges ou le chapeau sur les yeux, et l'on fit la *méridienne*. Pendant ce temps Guéméné, assis sur ses jambes repliées, piquait et repiquait son aiguille, contait ses histoires et chantait ses chansons. La Ravenelle, Angélus et Zacharie écoutaient. Deux heures de repos suffirent aux rudes travailleurs; ils se remirent aux sillons, et, pour alléger leur fatigue, le biniou du maître d'école leur envoya de loin l'écho de leurs airs préférés.

Pendant cinq jours on coupa le blé, pendant cinq

jours les champs se couvrirent de javelles, puis vint le moment d'engranger ces richesses, et les immenses charrettes attelées de bœufs entrèrent dans les champs, attendant leur fardeau de froment.

On compte les gerbes, on rit à belles dents, on gouaille un peu, en fils de la vieille Gaule, cette mère des épis et de la gaieté! Puis, quand le char est plein, quand de chaque côté dépassent les javelles, on lie le tout d'un câble gros comme celui d'un navire, puis on touche les bœufs, et la charrette alourdie s'éloigne tandis qu'une seconde va prendre la file, bientôt suivie d'une troisième.

Aux Halliers le retour ressemblait à une sorte de triomphe. La Ravenelle s'asseyait au sommet de la dernière charrette d'épis, entourée de quelques enfants; les travailleurs formaient cortége, et les glaneurs marchaient en groupes, sûrs d'avoir à la ferme une large part du souper.

Le repas fut plantureux, la joie bruyante sans licence. On chanta, on dansa quelques bals, la lune brillait depuis longtemps au ciel quand on songea au départ.

Guéméné et sa fille devaient revenir à la Grée en même temps que le maître d'école; celui-ci avait régularisé les écritures de la fermière, celui-là avait cousu au grand complet les habillements des valets et des servantes.

Au moment où il allait monter dans la carriole, la Ravenelle prit Zacharie à l'écart.

« Tu t'es donné bien du mal pour régler mes comptes, dit-elle, mais je rougirais de t'offrir quelques écus pour ta peine ; accepte ce souvenir de ma bonne amitié. »

Et d'une main qui tremble un peu, la Ravenelle présente une montre d'or au jeune homme.

Il va refuser; elle ne lui en laisse pas le temps et s'échappe.

« Au revoir, Guéméné, dit-elle, au revoir! »

La montre tinte dans le gousset de Zacharie et répète d'une façon monotone :

« Elle t'aime, la belle veuve des Halliers, elle t'aime! »

Le maître d'école essaie de nouer l'entretien avec la fille du tailleur; celle-ci lui répond par monosyllabes.

« Comme vous m'avez oublié là-bas! lui dit Zacharie d'un ton de reproche.

— Ce n'était guère possible : on me parlait de vous sans cesse ! » répond Angélus avec un accent presque amer.

Zacharie est mécontent, irrité, m.. .eureux; il quitte froidement la jeune fille et serre à la meurtrir la main de Guéméné.

« Quoique ça, dit le tailleur, j'aurai demain à causer avec vous...

— Eh bien ! fit Zacharie en descendant de la voiture, vous me trouverez dans le courtil. »

Pendant cette nuit-là, ce ne furent point les parfums des chanvres qui empêchèrent le jeune homme de dormir, mais le bruit de la montre d'or suspendue près de son lit :

« Tic, tac! elle t'aime! tic, tac! la veuve des Halliers est belle! tic, tac! bien heureux sera son mari! »

CHAUMES ET REGAINS.

« Tout de même, mon garçon, dit le couturier en prenant place dans le courtil, faut convenir que tu possèdes de belles ruches d'avettes! et que pas un fermier d'alentour ne les sait élever, soigner et les faire essaimer comme toi! On croirait, quand on te regarde récolter le miel et la cire, que tu n'as fait autre chose de ta vie! Et si par hasard tu tresses une corbeille, elle ferait honneur à un fin vannier de Rennes. Pour ce qui est de la classe, pas un instituteur du département ne t'en remontrerait. C'est merveille de voir comme tu te fais à toute chose. Si le bon Dieu n'a pas mis la fortune dans ton berceau c'était pour te laisser l'honneur de la mériter. Et tu n'as mie perdu ton temps, car tout prospère ici, et la chance te vient en dormant...

— Je travaille plus que je ne dors, dit Zacharie.

— Te voilà, il me semble, en âge de songer à t'établir, et du choix que tu vas faire dépendra ta fortune! Il n'y a pas à dire, il faut que tu sois riche; j'ai fait le bonheur de bien des gens; le tien m'intéresse plus que tout autre, et songeant à toi, je repasse la liste des partis de la Gréée et de la Nouée... Colette est une jolie fille, mais son père est *veuvier*; il se remariera, et Dieu sait quelle sera la dot... Je ne te conseillerais point de songer à Catherine; à tort ou à raison on a parlé d'elle avec ce pauvre Cordet, qui a tiré le n° 13 à la dernière conscription... Céleste est laide, oh! oui, pour laide, elle l'est, et sa richesse n'est pas de trop pour faire oublier ses yeux éraillés. Je ne suis guère d'avis qu'on épouse une femme dont on peut rougir pour une raison ou pour une autre. Il faut qu'un mari mène aux assemblées une compagne avenante et jolie ; mieux vaut exciter la jalousie que la pitié, dit un proverbe qui a du bon... Ah! dame! reste la fleur du pays, celle-là réunit tout, opulence, fortune, esprit et belle santé. Son mari n'ira jamais à pied dans les marchés et les foires! Aussi peut-elle choisir son prétendu parmi vingt garçons bien apparentés et des plus cossus du Morbihan.

— La Ravenelle, dit Zacharie, c'est de la Ravenelle que vous voulez parler... mais vous n'y songez pas, Guéméné, j'ai vingt-deux ans à peine.

— L'âge de la force, mon garçon.

— Et puis je ne possède rien !

— Et tes talents de sonneur, et ta science de maître d'école, crois-tu que tout cela ne flatte pas une femme?

— Ma famille... ajouta Zacharie.

— Ah! ça, c'est autre chose, dit Guéméné embarrassé... la Ravenelle ne consentirait jamais à la voir, cela se comprend; mais elle lui viendrait en aide...

— Tout cela, dit Zacharie, ce sont des rêves de votre bonne amitié pour moi.

— Des rêves dont tu feras une réalité, s'il te plaît.

— Vous en êtes sûr? demanda Zacharie en se levant.

— Très-sûr.

— Je suis fier parce que je suis pauvre, reprit le jeune homme, et ne heurterai point à l'huis d'une femme riche, si je ne sais qu'on laissera la porte entr'ouverte...

— Ah! ah! dit Guéméné, il y a peut-être de l'exagération dans ton fait, mais cela ne te messied point, au contraire... Sur ce mot je te quitte : va demander en mariage la belle veuve, tu ne cours pas risque d'être refusé. »

En ce moment un cri perçant se fit entendre derrière la haie du courtil. Zacharie crut reconnaître la voix qui le poussait, et, prenant son élan, il franchit le buisson, tandis que le tailleur, incapable de le suivre par ce chemin, mais inquiet aussi, courait à la porte du petit jardin.

Quand il rejoignit Zacharie, il vit Angélus défaillante dans ses bras, tandis que le talon du maître d'école achevait d'écraser une vipère se tordant au sein des convulsions de l'agonie.

Zacharie pose la jeune fille au plus près, sous un vieux pommier qui répand une nappe d'ombre dans le champ. Il arrache le soulier, le bas de la jeune fille, et met à nu son pauvre petit pied portant la trace d'une hideuse morsure.

« Pardonne-moi le mal que je vais te faire, dit-il; il faut que je te sauve! »

Il fend rapidement en croix la blessure d'Angélus, et, d'une lèvre généreusement imprudente, aspire le venin de la vipère.

Guéméné, frissonnant d'angoisse, serre sa fille dans ses bras ; des larmes coulent des yeux de la pauvre enfant :

« Laissez-moi mourir, Zacharie, dit-elle, laissez-moi mourir...

— Et moi ? demande le père au désespoir.

— Et moi ? » ajoute le maître d'école.

Angélus attire la tête de Guéméné sous sa bouche et couvre de baisers les cheveux blancs du tailleur.

Mais elle ne répond rien au mot de Zacharie, dont l'accent attestait cependant la sincérité.

« Guéméné, dit le jeune homme, courez au village ; ramenez deux camarades : il faut que votre fille soit emportée chez vous bien doucement. »

Le brave homme s'éloigne ; Zacharie prend la main d'Angélus, la regarde avec supplication et demande :

« Dis-moi sans mentir, pourquoi te trouvais-tu à cette heure près de la haie de mon courtil ? »

La jeune fille secoue la tête sans répondre.

« Tu souffres beaucoup ? reprend le jeune homme.

— Oui ! »

Mais, au lieu de porter la main à son pied blessé, la jeune fille comprime son cœur, comme si là seulement était sa grande et profonde douleur.

Zacharie aperçoit soudain en haut de l'arbre sous lequel la jeune fille est couchée une pomme si belle, si tentante, qu'il la cueille, et, la lui présentant d'une main tremblante, il dit avec émotion :

« Te souviens-tu du jour où toute petite tu partageas avec moi un fruit semblable, je te voyais pour la première fois...

— Il y a longtemps! murmure la blessée.

— Ne recommencerais-tu pas?

— Non, dit Angélus en affermissant sa voix.

— Je n'avais pas même besoin de cette dernière épreuve pour savoir que tu as cessé de m'aimer... »

Angélus allait peut-être répondre, quand Guéméné survint, amenant deux voisins chargés d'un matelas sur lequel on plaça l'enfant. Patience, ayant appris l'accident, accompagnait le tailleur. Seul peut-être il entendit les dernières phrases prononcées par les jeunes gens, et quand le triste cortége se mit en marche, son pied ayant heurté la pomme de discorde, il la releva et la mit dans sa poche en murmurant :

« Ah! ces jeunesses! »

Malgré la froideur que lui témoignait Angélus, Zacharie ne manqua point d'aller chaque jour s'informer de ses nouvelles. Le violent chagrin du tailleur rendait naturel son manque de parole d'aller aux Halliers rendre compte à la fermière de son entretien avec le jeune homme. Du reste, si le maître d'école avait prêté une oreille attentive aux ouvertures du tailleur, il négligea d'y répondre d'une façon catégorique. Placé en face d'une fiancée belle, riche, possédant tout ce qui peut charmer l'amour-propre d'un mari, n'ayant qu'à le vouloir pour lui passer au doigt la bague de noces, il hésitait. Pourquoi? C'est que cette âme, honnête avant tout, ne se sentait pas pour la Ravenelle le pieux et tendre amour conseillé par l'Évangile. Il ne trouvait point sa Rachel attendue dans cette belle femme maîtresse d'un vaste domaine. Elle l'attirait, le dominait même un peu; mais il ne se disait pas: « Celle-là sera véritablement l'os de mes os et la chair de ma chair! »

Il ne sait pourquoi, lorsqu'il veut se représenter la ferme des Halliers et ses dépendances, l'humble maisonnette de Guémené se dresse devant lui.

Son cœur s'emplit d'angoisse, de tristesse, et pendant tout le jour il noie son esprit dans ses rêves et ses incertitudes, car les vacances ne sont pas finies. Ce loisir lui pèse. Il regrette son travail quotidien. L'aspect des champs ne le calme plus. Les chaumes restés sur la terre sont uniformes comme un fleuve jauni par la vase. Il parcourt les sentiers sans but, pour fatiguer ses jambes et tâcher de dormir la nuit suivante. Quand la mélancolie absorbe trop son esprit, il refait dans sa tête les calculs écrits aux Halliers : tant de bœufs, de vaches, d'ouailles, de moutons...

Sans qu'il sache d'où lui vient cette réminiscence biblique, une phrase du livre des *Rois* se présente à sa mémoire : *Un pauvre homme possédait une petite brebis.* Le pauvre c'est Guémené, la petite brebis c'est Angélus... Angélus ne souffre pas seulement de sa blessure; elle s'en va en langueur; ses yeux perdent leur éclat, ses joues pâlissent, le sourire semble lui coûter : qu'a-t-elle ainsi?

« Peut-être, se dit Zacharie, aime-t-elle quelqu'un du pays et n'ose-t-elle l'apprendre à son père. Pendant son séjour aux Halliers elle a vu de fiers garçons, de beaux gars éduqués, riches, avenants; elle n'a pu défendre son cœur, et maintenant elle regrette et souffre. Pourquoi ne m'a-t-elle point préféré? j'aurais sacrifié ma vie pour elle, et au moment même où son père m'apprenait que je pouvais devenir le maître des Halliers, j'aspirais le venin de sa blessure... C'est une ingrate! Depuis mon enfance je m'occupe d'elle; ma grande joie c'était le matin de tirer son eau et de la regarder une minute... Il faut dire qu'elle a souvent blanchi, raccommodé mon linge... Échange de bons services et de cordiale amitié... Les filles sont plus changeantes qu'une aile de moulin tournant au vent. Le mari d'Angélus sera heureux et la pauvreté de la fille de Guémené n'y fera rien. Est-elle gracieuse et douce, et bonne, et charitable! Je le sais, elle a plus d'une fois soulagé ma mère, et je ne l'ai point remerciée, car elle se cache du bien accompli comme une autre le ferait du mal... Ma famille humiliera la Ravenelle, Guémené ne me l'a point dissimulé... tandis qu'Angélus l'aurait aimée malgré sa misère et son abjection. Ah! c'est qu'Angélus est une pauvre belle petite sainte du bon Dieu! Il faut en finir pourtant! Faire attendre une réponse à la Ravenelle serait manquer de respect et de reconnaissance. Allons, dit Zacharie qui abattait en manière de conclusion les fleurs d'une haie d'un revers de bâton, je saurai sans plus tarder le secret d'Angélus... Si elle n'ose l'avouer à son père, je m'en chargerai... Avant tout je la veux heureuse, puisque moi aussi je vais être heureux ! »

Et la pensée de ce bonheur arracha un long soupir au maître d'école.

Malgré sa résolution de parler, Zacharie garda encore huit jours le silence.

Huit jours! c'est peu pour la guérison d'un cœur blessé, c'est beaucoup pour l'embellissement de la terre.

Les chaumes se sont égayés de telle sorte qu'à voir les champs si mornes il y a une semaine, on croirait qu'une baguette de fée les a métamorphosés. Les regains d'herbes et de fleurs les font ressembler à une prairie, les troupeaux y paissent, les bouviers y redisent leurs chansons en mode mineur : la vie les a envahis pour la seconde fois de l'année.

Zacharie les admire et leur vue le console. Le son d'un biniou connu éclate à quelque distance, c'est la noce de Claudin qui danse conduite par la sonnerie de Guéméné. Mais, au lieu de se diriger du côté où l'on se réjouit, le maître d'école marche vers la petite maison du tailleur. Il trouve Angélus assise sur le banc de pierre dressé contre la porte; les ramures ligneuses d'un grand mûrier lui font une niche sombre ; sa quenouille est fixée à son côté, mais sa main ne tourne pas le fuseau. Elle prête une oreille attentive aux airs de danse dont le vent lui apporte des bouffées. Son pied blessé, sur lequel elle ne peut s'appuyer encore, repose sur un escabeau. Tout le long du chemin Zacharie a formé un gros bouquet de fleurs champêtres; il n'ose le lui offrir et se contente de le placer près d'elle. Ils échangent un bonjour embarrassé, auquel succède un silence plus embarrassant encore.

« Rosette se marie avec Claudin, dit enfin Zacharie pour ne pas rester muet, une belle noce et pour laquelle le notaire a dû rédiger un fier contrat.

— Une belle noce qui fera un mauvais ménage, dit Angélus, car la Rosette aimait depuis son enfance le pauvre Pierre que son père lui refuse pour mari... De désespoir elle se marie à Claudin; mais elle ne pourra peut-être jamais oublier l'autre... L'argent ne suffit pas dans une maison... Il faut la bonne entente, l'amitié profonde, et la certitude que l'amour qu'on a dans le cœur est le premier et le dernier.

— Vous avez raison, répond Zacharie, mais peu de jeunes filles gardent la fidélité d'une première tendresse.

— Et peu de garçons méritent l'affection d'une femme... Cependant, ce doit être bon le mariage entre deux êtres jeunes, pauvres, ayant leurs bras pour vivre... Le travail rapproche les êtres que la richesse sépare quelquefois. Si la maison est petite, tant mieux, on se voit toujours; si un parent, un ami y entre, on se serre pour lui faire place. Et n'est-ce rien que de calculer ensemble le modique gain de la semaine, d'en régler l'emploi, d'aviser aux besoins les plus urgents, et de se sourire si l'on redoute une privation à subir en commun? Le mari pauvre est plus actif, sa compagne plus laborieuse. On a peu de terre, on n'en saurait perdre un pouce ; elle rapporte presque le double, on la tourmente si fort! Si l'on garde une épargne pour les mauvais jours, c'est une conquête! chacun renvoie à l'autre le mérite de cette ressource. La misère n'approche pas des jeunes et vaillants ménages, car les hommes s'y intéressent et le Seigneur les bénit.

— Que tu parles bien, Angélus! et que le cœur me fond de joie à t'entendre!

— Ah! répliqua la jeune fille d'un accent plus réservé, je puis bien parler de la sorte, car moi je ne me marierai jamais...

— Jamais? murmura Zacharie; te voilà si chétive et si pâle, je t'ai cru dans l'esprit une songerie d'amour que tu n'osais avouer à ton père... et, pardonne-le moi, je voulais, comme un bon frère, t'offrir de lui avouer ce que tu n'osais lui dire.

— Moi, dit Angélus agitée, moi éprise d'amour? Qui vous a donné le droit de le croire?

— Rien, répondit-il, rien, je le confesse... cela m'était venu en pensant à toi, car j'y pense beaucoup... et ton bonheur m'est cher. Je ne jure pas, comme tu le fais, que jamais je ne contracterai de fiançailles; mais je sais bien quelle fille aurait reçu ma bague d'argent si elle ne l'avait dédaignée... Je l'aimais depuis mon enfance. Je ne comprenais sans elle ni la vie ni le ménage courageux et pauvre que tu peignais tout à l'heure... Que d'efforts multipliés pour lui plaire, que de joie du moindre succès en songeant qu'elle en serait heureuse! Un jour tout changea dans son cœur : un autre vent avait soufflé...

— Du côté des Halliers, dit Angélus avec tristesse.

— Tu me fuyais, tu me repoussais!

— Vous en préférez une autre...

— Te voilà donc jalouse, chère brebis blanche ! chère fleur de ma vie ?

— N'avoue pas, ma fille, dit Patience arrivant d'un pas indécis, mais répond tout de même ! Il mérite de t'avoir pour femme, et je jure qu'il te rendra heureuse. »

L'aveugle tire de sa poche la pomme refusée par Angélus le jour où elle fut mordue par la vipère, et, la présentant à la jeune fille, il ajouta :

« Je ne te verrai pas rougir.

— Mais lui verra, répondit la jeune fille.

— Non, car la joie mettra des larmes dans ses yeux. »

Angélus hésite, elle tient la pomme, regarde le compagnon de son enfance, tremble de joie et de pudeur, puis brusquement elle mord la pomme vermeille et tend l'autre moitié à Zacharie.

« Merci, ma femme ! » répond le maître d'école ; et vraiment il ne vit pas la rougeur d'Angélus, car il pleurait.

TROISIÈME PARTIE
MIDI

BLÉ VANNÉ.

L'amour des jeunes gens l'un pour l'autre, l'approbation de Patience et de Guéméné ne suffisaient point pour qu'il fût possible de célébrer le mariage de Zacharie et d'Angélus. Le consentement de Jean Loup, le tisserand, restait indispensable. Bien des fois le maître d'école, depuis qu'il se trouvait dans une situation relativement prospère, avait éprouvé le désir de revoir sa famille; mais alors, par une sorte de fatalité, on lui racontait des Pierriers des scènes si navrantes que la force lui manquait pour affronter le courroux paternel. Ni l'absence ni le temps n'éteignaient la rancune de Tiphaine et de son mari; l'inconduite les ayant fait rouler jusqu'au fond de l'abîme, non-seulement leurs champs en friches ne les nourrissaient plus, mais encore le métier de tisserand devenait insuffisant; on voyait parfois la Tiphaine rôder autour des fermes et tendre honteusement la main. Zacharie n'osant plus aller chez son père, le tailleur lui promit de faire cette démarche.

« Cependant, ajouta-t-il, des parents de cette sorte ne sont point susceptibles d'attendrissement : ce sont des créanciers d'une espèce à part, on les apaise avec de l'argent.

— Vous serez bientôt mon père, répondit Zacharie; ma bourse comme mon cœur peut s'ouvrir devant vous... »

Le jeune homme tira de l'armoire un coffret soigneusement menuisé et en vida le contenu sur la table.

« 250 francs, dit-il, voilà toute la fortune du pauvre maître d'école à qui vous donnez votre fille.

— Ah! mais, fit Guéméné, je n'entends pas marier Angélus sans lui compter une dot. Ce serait d'autant plus injuste que tu pouvais épouser le plus riche parti de vingt lieues à la ronde... C'est singulier, tout de même, j'aurai fait les demandes en mariage de plus de cent familles du pays, et ma fille se sera choisi toute seule un fiancé... Je disais donc qu'Angélus aura sa petite dot: une armoire de linge, les *ors* de sa mère et 1000 écus.

— C'est trop, père Guéméné, c'est trop ; j'aime assez Angélus pour être heureux sans qu'elle m'apporte de l'argent.

— Il ne fait tort à rien, mon garçon. Et puis, permets-moi de te le dire, cela ne te regarde pas seul... Je chéris Angélus autant que tu le fais toi-même. Depuis quarante ans, longtemps, tu vois, avant qu'elle fût de ce monde, je tire l'aiguille pour lui amasser quelque chose... Quand je joue du biniou dans les grandes fêtes et qu'on m'offre de bons écus avec de beaux compliments, si tu savais ma joie en me disant : — C'est pour la dot d'Angélus ! Chaque sonnerie lui gagne une parure, un bijou, un sac de blé, peut-être un *ber* pour le premier enfant du ménage ! Tu sauras plus tard combien il est doux d'amasser la dot de sa fille !.. Nous disons donc, 1000 écus et les frais de la noce me regardent. Par exemple, tu dois acheter la bague et le bouquet de la mariée... Par ainsi, mon enfant, garde 50 écus dans ta bourse, j'emporte 100 francs aux Pierriers, c'est autant pour le cabaretier des Croix. »

Le tailleur partit immédiatement.

Quand il entra dans l'enclos, une vache maigre y paissait, et la Tiphaine tournait son *travoir* chargé de fil.

« Jean Loup est-il chez lui ? demanda Guéméné.

— Entrez, répondit Tiphaine. Est-ce pour de l'ouvrage ?

— Si je n'apporte pas de travail, ce que j'ai à dire procurera cependant un gros profit... Vous ne serez pas de trop dans notre conversation, au contraire. »

Le tailleur pénétra dans la salle, plus sombre, plus lugubre que jamais.

Jean Loup le regarda avec défiance, puis s'accoudant sur le métier :

« Vous avez besoin de moi, dit-il, car vous nous dédaignez trop pour passer sans un grave motif le seuil de cette maison.

— Tais-toi, dit Tiphaine, il y a de l'argent à gagner.

— Vous ne vous trompez point, répondit Guéméné, j'ai à vous parler, mais ce que je demande de vous ne vous coûtera rien, et j'apporte en échange de bel argent sonnant. »

Guéméné frappa sur son gousset qui rendit un bruit métallique.

« Je suis tailleur de mon état et marieur aussi, tout le pays le sait. Or je veux marier Zacharie et je viens chercher votre consentement.

— Lui, se marier! ce misérable ingrat dont l'inconduite nous a réduits à la misère! Si nous mangeons du pain noirci, à qui la faute? Qui nous a enlevé les enfants, Colette, Sabin et Moucheronne? lui! qui nous a quittés sans souci des soins que nous avons pris de son enfance, de la peine que j'avais eue à lui mettre un métier dans les mains? Lui! se marier! Il s'est montré trop mauvais fils pour rendre une femme heureuse! Est-ce que notre malédiction l'a touché? A-t-il eu peur de la colère de Dieu quand il nous abandonna? Qui peut être assez fou pour lui confier sa fille? Il la traitera comme nous-mêmes et la fera mourir de chagrin!

— Eh bien! reprit Guéméné, le père assez peu raisonnable pour lui donner sa fille, c'est moi! Quant à son inconduite, il a fait ses preuves; votre malédiction, grâce à Dieu, le ciel ne l'a point ratifiée. Pour ce qui est de vos enfants, Sabin, Colette, la Moucheronne, c'est un grand bonheur qu'on les ait mis à Saint-Ilan. Tous trois savent aujourd'hui lire, écrire et compter, et promettent de devenir d'excellents sujets. Vous trouvez dans votre haine injuste tous les défauts possibles à ce brave Zacharie que nous chérissons à la Gréée; mais je ne prétends rien discuter à ce sujet. Votre fils m'a envoyé vous apporter l'assurance de son respect et de ses humbles soumissions en y joignant vingt pièces de cent sous.

— Refuse, Jean Loup! refuse! dit Tiphaine. Il s'adresse à son père aujourd'hui parce que la loi lui interdit de se passer de son consentement... Nous ne pouvons le punir d'une autre manière, châtions-le en nous opposant à son mariage.

— Savez-vous, reprit Guéméné, qui fit, il y a deux ans, déposer à votre porte le sac de grain qui vous nourrit pendant tout l'hiver? Zacharie. Savez-vous qui chargea la Limace de vous remettre à chacun un habillement de drap, il y aura une année à la saison prochaine? Zacharie. Vous ne vous êtes jamais demandé d'où venaient les pièces d'argent que vous trouviez comme par miracle dans votre taudis? Pensiez-vous, par hasard, que la poussière fait germer les écus? Le brave garçon qui vous venait en aide trouvait en chacun de nous un complice de ses pieuses fraudes, et grâce au Seigneur, il compte des témoins de ses générosités.

— C'est-à-dire, s'écria Tiphaine, qu'il nous humiliait par ses aumônes.

— Tenez, fit Guéméné, tous ces reproches à son adresse m'inspirent le plus profond dégoût. Ne pouvant citer des méfaits, vous lui faites un crime de ses vertus. Je ne le défends pas, il reste au-dessus de vos attaques. Je vous demande une croix au bas de votre consentement à ce mariage, et j'offre 100 francs en échange. »

Le tisserand avança ses mains maigres pour saisir l'argent.

« Refuse! refuse! » répéta Tiphaine.

La misérable ne songeait qu'à ses colères, et se disait en outre que, si Jean Loup touchait cette somme, elle n'avait rien à gagner.

Les écus s'en iraient en eau-de-vie.

Mais Guéméné tenait l'argent serré dans sa main fermée en demandant :

« Signez-vous ?

— Lâche si tu le fais ! » s'écria Tiphaine en bondissant vers son mari.

Guéméné fit tomber les écus d'une main dans l'autre, et le son de l'argent grisa subitement le tisserand.

« Je signe ! dit-il, je signe !

— Et moi, vociféra Tiphaine livide de rage et l'écume aux lèvres, moi je te le défends, je ne veux pas !

— Allons ! allons ! de la douceur, reprit Guéméné, votre mari devient raisonnable au moins... et puis, votre consentement, qui est-ce qui vous le demande à vous ? La femme compte pour si peu dans un ménage aux yeux de la loi... Voici le papier, Jean Loup, j'ai l'écritoire et la plume dans ma houppelande... votre croix ici... donnant donnant... »

Guéméné mit l'acte dans sa poche, versa les pièces de cinq francs dans les mains réunies du tisserand, et quitta cette maison lépreuse, pendant que Tiphaine, se précipitant sur son mari, cherchait à lui arracher une partie des écus qu'il venait de recevoir.

Le tailleur respira à pleins poumons en se retrouvant à l'air libre.

Cette misère, ce vice l'étouffaient. Il estimait mille

fois davantage son futur gendre, en voyant de quel cloaque il avait eu l'énergie de sortir pour devenir graduellement ce qu'il était.

« On parle quelquefois des labeurs physiques, se disait Guéméné en regagnant sa maison. Qu'est-ce auprès des difficultés que l'on rencontre quand il s'agit de partir du mal pour arriver au bien ? J'ai souvent admiré ce brave garçon, jamais autant qu'aujourd'hui. Il a triomphé de la paresse, de l'ignorance, et dernièrement de la tentation bien excusable de devenir subitement riche. C'était le dernier effort de vertu que l'on pût lui demander ; il est sorti vainqueur de toutes les épreuves ! »

Et le tailleur, regardant devant lui, aperçut sur le seuil de sa porte un paysan tenant un van rempli de blé. Il le secouait, le tournait, et la paille légère s'envolait, et dans le van le grain restait seul, nourrissant et pur.

« Allons, fit-il en manière de conclusion, Zacharie a vanné son âme ! »

Quand il rentra chez lui, Guéméné fut bien surpris d'y trouver la Ravenelle. Il se troubla légèrement. Mais la veuve des Halliers était véritablement une bonne créature ; elle l'emmena dans le jardin, et lui dit avec un sourire :

« J'épouse dans quinze jours le gros marchand de bœufs de la Gacilly : cinquante ans, cent paires de cornes, une maison et des économies ! Enfin !... Vous jouerez du biniou à ma noce ! Je veux me marier avant Zacharie, vous comprenez... Il croirait que je le regrette ! »

La Ravenelle soupira un peu, puis elle ajouta :

« J'étais bien excusable, n'est-ce pas?... Allons, votre fille sera heureuse, tant mieux ! j'ai apporté pour elle cette croix d'or; vous la lui mettrez au cou.

— Non ! dit Guéméné, sincèrement touché de la conduite de la fermière ; je vous laisse ce soin. »

Et courant dans la chambrette d'Angélus, le tailleur amena sa fille en face de la Ravenelle.

L'enfant pâlit un peu.

« Je ne vous demande pas si vous danserez à ma noce, dit la belle fermière, votre blessure vous fait encore souffrir; mais moi, qui serai déjà la femme de Grégoire quand vous épouserez Zacharie, je me ferai un grand plaisir de vous présenter le nouveau maître des Halliers. »

Angélus devint toute rouge.

« Vous aimez Zacharie et Zacharie vous aime, reprit la fermière, tout est donc bien, tandis que moi...

— Bah ! fit Guéméné, une maison, cent paires de cornes, et...

— Et cinquante ans ! Il n'importe... s'il se montre bon, il aura une bonne et fidèle femme. Me voulez-vous embrasser, Angélus ?

— De grand cœur, » répondit la jeune fille.

La Ravenelle mit un baiser sur le front d'Angélus, et au milieu de ses caresses noua la croix d'or à son cou.

La jeune fille ne refusa point ; elle se sentait l'âme dilatée de joie, à la pensée qu'elle ne gardait aucune raison d'en vouloir à la fermière.

Les préparatifs du mariage de Zacharie se firent vite.

Il fallut cependant trois semaines pour les bans, le maître d'école ne se trouvait pas assez riche pour payer des dispenses. S'il se sentit quelque peu embarrassé d'entendre publier son union prochaine, il put être orgueilleux ou du moins satisfait de la sympathie qui lui fut généralement témoignée.

Angélus, Guéméné et le maître d'école allèrent à Josselin faire les achats de noce; l'Homme à la Peau-de-Bique avait prêté sa carriole, et le retour eut une allure triomphale tout à fait charmante.

Angélus portait bien son bonheur, sans hardiesse, sans fausse pruderie.

La veille des noces l'Homme à la Peau-de-Bique plaça sur un âne deux lourds paniers des victimes faites dans le poulailler; il y joignit du vin vieux et des gâteaux et porta chez le tailleur ce supplément du repas, en lui recommandant de garder le secret. Angélus tremblait bien le jour de son mariage; son visage paraissait plus blanc que sa robe, car, pour satisfaire un caprice de Zacharie, elle était vêtue d'un costume pareil à celui qu'elle portait le jour de la Fête-Dieu. Sur sa coiffe était une couronne blanche, un bouquet s'agitait sur son sein. Sa main prenait le bras de Guéméné, et son regard, cherchant le regard de Zacharie, se baissait dès qu'elle le rencontrait.

Tous deux à l'église prièrent l'un pour l'autre; quand le jeune homme passa au doigt de la fiancée l'anneau d'or, elle le laissa glisser jusqu'à la dernière phalange, ce qui signifiait que la chère créature ne gardait point de restriction dans le don d'elle-même. Elle s'inquiéta seulement de savoir si les cierges brûlaient avec une égale rapidité, et sourit en pensant :

« Nous vieillirons ensemble ! »

Cette naïve superstition de la Bretagne doubla sa joie d'épousée. Ces jeunes gens, à qui on venait de lire une page de la Bible et de l'Évangile, devant qui l'on évoquait l'image de Rachel et pour qui l'on implorait la Vierge de toute grâce, étaient bien dès cette heure unis devant les hommes et devant Dieu ; le serment qu'ils venaient de prononcer ne s'effacerait jamais de leur mémoire ; les mauvais jours pouvaient succéder aux joies radieuses, la force puisée dans l'engagement solennel qu'ils venaient de prendre ne devait jamais défaillir.

Aux émotions graves de l'église succédèrent les plaisirs d'une famille honnête, d'un voisinage affectueux.

Le repas de noce se donnait dans un pré suivant l'usage, car nul fermier, si riche qu'il soit, ne pourrait réunir ses parents et ses amis dans sa maison. On garde en Bretagne les degrés de famille au delà de toute limite ; cesse-t-on d'être cousin, on reste allié. Et puis l'amour-propre se met un peu de la partie, même chez les moins orgueilleux. L'Homme à la Peau-de-Bique voulait que le mariage se célébrât un lundi, afin que la fête se prolongeât jusqu'au vendredi suivant. A Josselin les festins, les danses du mariage durent depuis le jour où l'on s'épouse jusqu'au vendredi prochain. L'abstinence de l'Église marque la cessation du plaisir. Au *changement de soupe*, chacun rentre chez soi. Les gens riches commencent la noce le lundi, et jusqu'au vendredi il y a de la marge ! Or l'Homme à la Peau-de-Bique voulait, bon gré mal gré, se charger des frais et voir Zacharie traiter ses amis la moitié d'une semaine.

Le maître d'école refusa.

« Ce n'est point votre générosité que je repousse, dit-il ; mais il ne faut pas, en entrant en ménage, prendre des habitudes que l'on ne saurait continuer. Je suis pauvre, la dot d'Angélus ne fera pas de nous de gros rentiers : soyons tout de suite ce que nous devons rester. Ma chère femme pense ainsi. Se marier le jeudi sied à des gens comme nous, dont le plus clair revenu est dans leurs bras ; le lendemain on se remet à la besogne sans en avoir perdu le goût par une semaine de dissipation. Je vous ai laissé faire un massacre dans votre basse-cour pour régaler mes invités, c'est bien assez de largesses pour cette fois. »

En effet, les gens de la Gréée, de la Nouée, même de Josselin, furent émerveillés de l'aspect du pré disposé pour le festin.

Une pièce de toile blanche étendue sur l'herbe représentait la nappe. De chaque côté une rangée de fagots bien alignés devait servir de siéges. Chaque invité trouverait une assiette, un verre et une fourchette devant lui, ce qui n'est pas un luxe mince, car les gens de Cornouailles mangent bien les morceaux sous le pouce et n'ont nul dégoût de boire dans le même verre, comme faisaient jadis nos aïeux dans leurs coupes d'honneur et d'amitié.

Dans un coin du champ, trois barriques de cidre munies de leur clef de buis empêchaient les convives de redouter la soif après la danse. Un peu plus loin, une marmite grande comme un cuvier de lessive bouillait sur un trépied rougi par la flamme ardente. Pendus à des branches de chêne à l'aide de ficelles, les poulets tournaient tout seuls à la grande joie des enfants accroupis devant les foyers comme autant de petits gnômes. Les guenilleux et les chercheurs de pain, assis sur le talus du champ, attendaient les reliefs du festin.

Enfin le biniou de Guéméné sonna une fanfare, on aperçut une longue bande de chapeaux fleuris, de coiffages blancs; on vit flotter des livrées de rubans multicolores, et le brave Guéméné en avait mis pour quarante sous à son biniou. Dame! on ne marie pas tous les jours sa fille.

Angélus était au bras de Patience. Elle lui répétait pour la centième fois qu'elle ne lui ravirait pas le cœur de Zacharie, et qu'il la trouverait douce et dévouée. Zacharie, quoiqu'il eût bien grand désir de causer avec sa femme, ne l'osait pas, les convenances le lui défendaient. Il marchait avec les garçons d'honneur et son visage rayonnait de contentement et de fierté.

On se mit à table avec un joyeux empressement. On but à la santé de tout le village; on ne se grisa pas, mais Dieu sait que le danger en fut grand, car il est peu courtois de ne point vider son verre quand un mari le choque au sien!

Angélus et Zacharie mangèrent peu. Pour se donner une contenance, ils servaient l'aveugle; parfois la jeune mariée regardait sa bague de noce, comme si elle éprouvait le besoin de s'assurer qu'elle était bien la femme de Zacharie. Près d'elle se tenait la fille d'honneur, une brunette rose comme une baie d'églantier ; à côté la Ravenelle toujours parée. Puis venaient Grégoire, son mari, le marchand de bœufs, l'Homme à la Peau-de-Bique, Léonarde, la mère Jaurois portant l'enfant de sa fille sur ses genoux et la file des amis allant d'un bout du champ à l'autre.

A la fin du dîner, Guéméné fit un signe à la Brunette ; elle plissa les rubans de son tablier, regarda le tailleur avec effarement ; puis, faisant un rude effort, elle se leva, tenant un bouquet à la main, et s'avança vers Angélus.

La fille d'honneur devait dire la *chanson de la mariée*.

Elle ne parle point de joies, cette chanson bretonne ; elle ne promet pas à l'épousée des jours sereins, la paix du ménage, l'avenir souriant. Elle est grave comme l'écho de la parole du prêtre le matin à l'église, et nulle jeune femme ne la saurait entendre sans pleurer.

> Je suis venue ici du fond de mon village,
> C'est pour vous engager la foi du mariage.
> Adieu plaisir et joie,
> D'une fille comm' moi,
> Adieu ma liberté,
> Il n'en faut plus parler.

Angélus regarda son mari, et le sourire du maître d'école ne parut pas annoncer qu'il serait un tyran sévère.

La Brunette continua :

> Vous n'irez plus au bal, madam' la mariée,
> Vous n'irez pas au bal, ni aucune assemblée,
> Vous gard'rez la maison
> Tandis que nous irons.

Quelqu'un rit alors, et ce fut la maîtresse des Halliers, qui se demandait comment s'y prendrait Grégoire pour l'empêcher d'aller dîner et *baller* les jours de grandes fêtes.

Angélus restait grave, et la Brunette poursuivit :

> Avez-vous entendu, madam' la mariée,
> Ce que le prêtre a dit dans la sainte journée?
> Fidèle à votre époux
> Le reste de vos jours.

La jeune femme tendit franchement la main à Zacharie pour ratifier une fois de plus sa promesse. Ce n'était guère dans les usages de la Gréée, et cependant personne n'y trouva à redire.

La Brunette fit sa plus belle révérence en tendant sa gerbe odorante.

> Recevez ce bouquet que ma main vous présente,
> Il est fait de façon à vous faire comprendre
> Que tous ces vains honneurs
> Passent comme les fleurs!

Angélus embrassa la Brunette, prit le bouquet, en tira une grande marguerite, et l'effeuilla pétale à pétale.

« Il m'aime beaucoup! murmura-t-elle, je suis tranquille! »

II

BOUTON D'ÉGLANTIER.

Angélus est debout. Elle balaie, frotte, essuie, lustre les chambres et les meubles. Tandis qu'elle vaque à ces soins journaliers, le rabot du menuisier crie dans la salle de travail. Il n'est pas rare qu'Angélus entr'ouvre la porte, sourie au rude ouvrier, puis la referme, tandis que Zacharie entonne plus gaiement son refrain. Patience, assis dans le grand fauteuil, écoute les petits pas d'Angélus ou cause près de l'établi de son fils adoptif. Depuis plusieurs mois, les jeunes époux savourent les joies sérieuses de leur union. Jamais le maître d'école n'a terminé tant de besogne de si grand cœur. Jamais ses élèves n'ont fait tant de progrès; il s'est pris à aimer les enfants avec adoration : il les embrasse avec des transports de joie. Il va souvent chercher celui de Léonardo, et quand il le tient sur ses genoux, son cœur bondit d'allégresse :

« Bientôt j'aurai un innocent comme cela à moi, se dit-il, il me caressera de ses menottes roses, il m'appellera : Père! père! »

Alors de l'explosion de sa tendresse pour l'enfant de

Léonarde, Zacharie passe à une immense reconnaissance pour Angélus. Ne lui doit-il pas les heures bénies de son existence ? Zacharie n'est qu'ouvrier : son amour paternel le fait artiste. Il sculptera le berceau de son enfant, et pour ne jamais séparer la mère de ce petit ange, par une ingénieuse idée, Zacharie trouve moyen d'animer en quelque sorte le nom de sa femme. Au chevet du berceau il place un archange Gabriel, les ailes déployées ; au pied il représente une Vierge prosternée : *Ave Maria.* Angélus ! Et tandis qu'il travaille à ce chef-d'œuvre d'imagier naïf, la future jeune mère coud près de lui des bonnets de fine toile de lin.

On garde quelque argent pour le baptême et les langes de laine ne manqueront point à l'innocent. Mais une pensée préoccupe Angélus à mesure qu'approche l'époque où le cher ange apparaîtra. Quel sera le parrain, quelle sera la marraine de l'enfant ? On ne peut songer à Tiphaine, et le vieux Patience a positivement refusé.

« Mes amis, mes enfants, dit-il, un parrain est un second père ; la nature nous donne l'un, la religion convie l'autre à le suppléer. Le parrain doit protection, instruction, soutien dans une juste mesure. Je suis grand-père, moi ! une ombre qui décroît sur le mur, un fantôme qui passe, une âme prête à s'envoler. Cherchez un parrain capable de remplir les conditions que je viens de vous énumérer. »

Un soir, tandis que les jeunes époux essayaient une dernière fois de triompher des refus de leur vieil ami, l'Homme à la Peau-de-Bique vint sans façon s'inviter à souper.

Cela n'était ni rare ni surprenant. Il entrait avec un air de bonne humeur, remettait à la ménagère une carnassière gonflée et se chauffait les jambes devant le feu, tandis qu'Angélus préparait le repas. On était habitué à ses brusqueries. Il avait si souvent prouvé que l'on pouvait compter sur son amitié, qu'il faisait un peu partie de la famille; Zacharie s'instruisait en causant avec lui, et si Angélus l'avait vu assidu aux offices, nul doute qu'elle n'eût agrandi la part d'affection qu'elle lui portait.

Ce soir-là il restait sous le coup d'une préoccupation visible. Il regardait Angélus avec une expression de prière et serra deux fois sans motif suffisant les mains du maître d'école.

Enfin, après le souper, au moment où chacun s'y attendait le moins, il s'écria :

« Mon grand malheur est d'avoir vécu seul. Je suis devenu mauvais, égoïste, insupportable! Il faut que vous soyez bons comme vous l'êtes pour m'accueillir de la sorte! Mais j'ai besoin à mon tour d'adoption, de liens de famille, d'amitié. J'en ai assez de songer à moi! Il faut que je m'attache à un être qui me chérira avec mes défauts et pour l'amour de qui, peut-être, je tâcherai de m'en corriger... Par ainsi je viens vous demander si vous m'acceptez pour être parrain de votre enfant. »

Patience se frotta les mains, Zacharie leva la tête, Angélus répondit avec une grande dignité :

« Merci de la bonne intention, Monsieur... J'en reste bien touchée, et si je me permets de donner mon avis avant mon cher mari, c'est qu'il s'agit de l'âme de mon enfant, de sa vie au delà de ce monde, et il me semble qu'à cette heure du moins, il m'appartient plus qu'à son père. Vous avez toujours été généreux pour nous, et ce nous serait une vraie joie de vous prouver notre reconnaissance. Qui dit parrainage, à la campagne, veut dire adoption, seconde paternité. Le parrain doit enseigner la vérité en toute chose à l'innocent qu'il présente au baptême... J'ai vu chez vous à la Ferme-Maudite, des figures de dieux païens... Je n'y ai point aperçu de crucifix... Oh! pardonnez-moi si je vous offense, Monsieur, la chrétienne devait faire cette remarque, car la maternité double chez la femme la foi et toutes les autres vertus !

— Non, je ne vous en veux pas, madame Angélus, dit l'Homme à la Peau-de-Bique en secouant la tête. Ces paroles, vous les deviez dire, sous peine de manquer d'être vous-même... Vous m'ôtez un grand poids en me fournissant l'occasion de vous raconter ma vie. Il y a longtemps que j'aurais dû le faire... Je ne suis point païen, Angélus, je ne suis pas même étranger, Zacharie, et le ridicule sobriquet de l'Homme à la Peau-de-Bique cache aux indifférents le nom oublié d'Antoine Croisic.

— Antoine Croisic! mais je vous ai vu enfant! s'écria Patience, vous partîtes à la suite d'un coup de tête dont les suites faillirent être bien graves... Antoine Croisic, mais tous vos parents ne sont pas morts, il vous reste...

— Une nièce, répondit Antoine, et j'irai dans peu de temps lui rappeler que nous sommes du même sang; ce que vous déciderez en famille ce soir aura même une grande influence sur cette résolution et sur bien d'autres.

— Parlez, parlez, dit Angélus, me voilà bien curieuse... »

Zacharie tendit la main à Antoine Croisic.

« Quoi qu'il arrive, nous sommes amis... »

L'Homme à la Peau-de-Bique commença.

« Vous avez connu mon père, Jacques Croisic, Patience, et vous savez que c'était un rude paysan, bon à sa manière, donnant des conseils à gifles en veux-tu et des réprimandes à coups de branches de pommier vert. Sa fortune lui permettait l'ambition ; il la reportait sur moi, son fils unique, et se promettait de me faire étudier dans les villes, afin de me rappeler avec le titre de docteur en médecine ou en droit, il ne lui importait guère ; cependant le barreau lui plaisait davantage : les avocats font parler d'eux dans les feuilles des départements. Seulement, au milieu de ces arrangements d'avenir, on oubliait de me consulter. En attendant, je développais ma force musculaire, et je devenais un rusé gars, montant à cru les bêtes les plus rétives, tuant les loups comme des lapins dans une garenne, et m'amusant à voler les tabliers rouges de la fille de laiterie pour effrayer les jeunes taureaux. J'étais né pour être un émule de Cucharès et de Tato. Cela marcha de la sorte jusqu'à ce que j'atteignisse mes quatorze ans. Le curé m'apprenait le latin, auquel je ne mordais guère, et un peu d'anglais. Il s'agissait de m'envoyer dans un collége de Rennes. A la première parole de mon père à ce sujet, je m'emportai, je jetai feu et flammes, jurant que paysan j'étais né et que paysan je mourrais. Je refusai d'aller m'enfermer dans des classes, dans des dortoirs. Je soutins que je mourrais si on ne me laissait pas au pays natal.

« Mon père fut inexorable :

« J'ai tout sacrifié pour faire un monsieur de mon fils,
« me dit-il : avocat ou médecin, ma tendresse te laisse
« le droit de choisir. »

« Je traitai fort mal cette tendresse prétendant me faire prisonnier à temps et monsieur à la vie. Je ripostai en vrai fils de mon père, je le menaçai de me tuer; il se mit à rire, et m'en défia en me tournant le dos. Mon irritation était si grande que je regardais comme un point d'honneur de donner suite à mon projet de suicide. Manquant de moyens variés, n'ayant pas d'armes à feu, répugnant à faire une grande course pour me jeter dans la rivière, je résolus de m'empoisonner. Je ramassai des belladones, une poignée de chanvre, et je fis bouillir le tout avec un bouquet de ciguë. Je fus horriblement malade, mais je n'en mourus pas. Mon père, qui me soigna de la façon la plus dévouée, retrouva lors de ma guérison sa volonté inflexible, et, désespérant de vaincre mon obstination, il m'annonça qu'il me ferait conduire au lycée par la gendarmerie. Je ne répliquai rien; j'allai me coucher; mais je me relevai durant la nuit, et, ne pouvant sortir de la maison par la porte soigneusement fermée à clef, je pénétrai dans l'étable et j'essayai d'arracher un des barreaux de la fenêtre. Il cédait sous ma main quand mon père, qui se défiait, me surprit en train de conquérir ma liberté. Bondir jusqu'à moi fut l'affaire d'un élan, me cribler d'invectives et de conseils démonstratifs ne resta pas difficile. Pendant ce temps, cramponné à mon barreau, je le sentais avec joie se desceller progressivement. Mon père venait de saisir les deux jambes ; un brusque mouvement me débarrassa de son étreinte, je grimpai sur l'appui de la croisée, rejetant dans l'intérieur de l'étable le barreau que j'avais arraché, et je m'enfuis dans la futaie. Je courus toute la nuit. Au matin je me trouvai loin du village. Dans ma poche sonnaient quelques gros écus ; le monde m'appartenait. Si je ne voulais pas obéir à mon père, si l'amour de la liberté m'interdisait de m'asseoir sur les bancs des écoliers pendant des années entières, je n'avais qu'une chose à faire, c'était de m'embarquer et de quitter la France. Cette idée me sourit si fort, qu'au bout de huit jours j'étais à Nantes, flânant sur le port, regardant les navires prêts à mettre à la voile et me demandant comment on s'y prenait pour y obtenir une place.

« Une partie de bouchon me tira d'affaire.

« Trois mousses jouaient avec conscience, se disputant sur la justesse de leur abatage de sous, quand l'un d'eux s'écria :

«Vous trichez tous trois! Tenez, je prends celui-là à témoin que vous trichez.

— A-t-il seulement suivi la partie? demanda le second mousse.

— Oui, répondis-je ; cependant si vous vous trompez, personne ne triche, il vaudrait mieux que le coup fût déclaré nul.

— C'est ça ! dit le garçon qui se plaignait de la bonne foi de ses camarades, recommençons... »

« Puis, trouvant me devoir quelque chose pour mon pacifique conseil :

« Quoique tu ne sois pas mousse, dit-il, si tu veux « abattre aussi le bouchon, montre tes sous et lance « ta pièce. »

« Je remerciai d'une faveur si grande, je plaçai un décime bien en équilibre sur le bouchon, puis, manquant de monnaie, je tirai une pièce de cinq francs de ma poche.

« Ah ! bien ! fit un de mes nouveaux camarades, on a touché sa *délègue*, pas vrai ?

— C'est de l'argent que mon père m'a donné, dis-je.

— Est-il capitaine de brick, ton père ?

— Il est fermier.

— Fermier ! Ah ! bon, le plancher des vaches ! et pas de roulis ; ça manque de bourlingue, cette vie-là.

— Aussi, j'en aimerais mieux une autre.

— Je te crois bien ! Mousse, n'est-ce pas ?

— Oui, mousse pour commencer.

— Ah dame ! ça se pourrait tout de même, si tu sais dépenser l'argent avec les amis.

— Vingt francs à qui m'embarque, dis-je.

— Je suis ton matelot, s'écria le plus grand, je te présenterai au capitaine en disant que tu es mon frère... mon frère Kadoc, si ça te va. Il faut quelqu'un à bord, et tu dormiras ce soir dans un hamac. Avant trois jours nous roulerons sur la mer jolie, et attrape ! à prendre les ris dans les huniers ! »

« Le lendemain je figurais sur le rôle d'équipage du bâtiment marchand de M. de la Villéon, sous le nom de Kadoc. Je ne trouvai pas la liberté attendue, et l'apprentissage me parut bien dur; mais à la fin de chaque traversée je voyais une terre nouvelle, des peuplades étranges, j'entendais un langage et des chants inconnus. En somme, cette vie me semblait préférable à celle d'un écolier. La pierre roulait, la mousse de la fortune ne pouvait manquer de la couvrir.

« Je n'avais cependant atteint mon but qu'en partie. Au bout de quatre voyages aux Indes, je tentai de faire le commerce à mon propre compte. L'écoulement de deux pacotilles grandit mon ambition; je me rendis successivement à Bornéo, à Java, et je finis par me fixer à Batavia. Là je pris les goûts, les habitudes des gens du pays, je mâchai du bétel, ce qui me rendit les dents noires, je fumai de l'opium, ce qui m'engourdit le cerveau. Je vendis du poivre, de la cannelle, de l'indigo, des fourrures et du quinquina. Tour à tour opulent comme un résident de district, ou pauvre comme un coolie chinois, j'y passai trente années. Alors l'ennui me prit. J'en avais assez des maisons de bambou, des kriss malais, des esclaves jaunes vêtus du sarong, des joueurs de gamelang et du commerce cosmopolite! Il m'arrivait pendant des heures entières de rester sur mon divan, regardant à travers le nuage de fumée de ma pipe un tableau... toujours le même... une grande lande grise, rayée parfois de rose, quand la bruyère est fleurie, ou de jaune, quand les genêts épanouissent leurs pétales d'or en forme de papillons.

« Une maison entourée de vastes bâtiments s'élevait à l'ombre d'un bouquet de noyers noirs ; des troupeaux se pressaient à la porte des étables, et la voix d'une fille aux pieds nus chantait :

>La lande est belle et grande,
>Ramenons tout, ô Guawnola,
>Nos moutons dans la lande,
>O gui lon la ! ô gui lon la !

« Alors mes yeux se fermaient.

« Que c'est loin ! me disais-je ; et j'ajoutais : Que c'est « vieux ! »

« Un matin je vendis ma maison, mes esclaves, mes marchandises, et, me trouvant à la tête d'une somme assez importante, je retins ma place à bord d'un trois-mâts, j'entassai dans ma cabine les souvenirs de mon existence aux Indes, et j'arrivai à Nantes après une périlleuse traversée. J'accourus à Josselin ; je m'informai de mon père, il était mort et m'avait déshérité. Ma fortune personnelle m'empêchait de souffrir matériellement de cette perte ; mais le testament motivé de mon père prouvait qu'il ne me pardonnait pas. Je pouvais me fixer où bon me semblait, et le courage me manqua pour quitter la terre natale. Elle me laissait de poignants souvenirs, mais ces souvenirs me remuaient le cœur... Personne ne me reconnut. Mon histoire était bien vieille... Je négligeai d'apprendre mon nom aux gens de l'endroit ; ils m'appelèrent, sans que j'y fisse opposition, l'Homme à la Peau-de-Bique. J'achetai des terres ; je fis bâtir. Ma sauvagerie, l'étrangeté de mes allures, la réunion des choses bizarres que l'on entrevit chez moi contribuèrent à me donner mauvaise renommée. On trouva moyen d'insulter jusqu'à mon toit : ma demeure fut la *Maison-Maudite !* J'y vécus seul, comme un loup, les paysans ajoutèrent comme un sorcier ; la Limace elle-même me méprisa... Jusqu'à cette phase de mon existence, la multiplicité de mes occupations, l'étendue de mon commerce, le changement de climat et d'habitudes m'avaient empêché de comprendre la grandeur de mes premières fautes et d'en ressentir assez de regrets. Le retour au pays et des loisirs forcés me condamnèrent à l'horrible supplice du remords... Je ne cessai de me regarder comme l'assassin moral de mon père. Mon ingratitude l'avait tué... Mes nuits se peuplèrent de son ombre, et le jour, tandis que je marchais dans les champs, je me retournais, croyant qu'il me suivait. J'aurais donné de bon cœur la fortune amassée si péniblement aux Indes pour qu'une heure, un instant, il me fût donné de le voir vivant et de lui dire : Pardonnez-moi !.. Ce que j'ai souffert nul ne le saura jamais !... Aussi je vécus seul longtemps, bien longtemps. Il me semblait que le regard des hommes fouillait au fond de ma poitrine et que sur mon front brillaient les caractères marquant les Caïns et les Chanaans. Il fallait un châtiment à mon crime, car rien ne demeure impuni, même en ce monde, et l'apparence trompe nos yeux parfois, en nous étalant la prospérité des méchants. Que savons-nous de leurs tortures d'âme, de leurs remords, de l'enfer vivant qu'ils portent en eux ? J'ai dit que je fuyais les hommes ; cependant un jour vint où je m'intéressai à un enfant.

« Toutes les difficultés pour devenir honnête et bon

l'entouraient, le pressaient ; il paraissait au-dessus même de la volonté d'une créature en pleine possession de son raisonnement et de sa force de triompher des obstacles multipliés autour de lui. Cependant il en vint à bout. Pauvre, chétif, vagabond, il s'éleva par le travail à la dignité d'ouvrier. Les tentations le trouvèrent fort, et le bonheur progressif dont il jouit fut acheté par une série de sacrifices. Ce problème de la vertu native échappant au vice m'intéressa, au delà de toute expression ; et quand fut emportée la dernière victoire sur l'ambition, quand le pur amour d'une jeune fille triompha des séductions d'une opulente fermière, je me dis au fond de mon cœur : « Zacharie est vraiment un honnête homme ! et s'il y consent, je le chérirai comme mon propre fils. »

Antoine Croisic tendit les mains aux jeunes époux.

« Vous savez ma vie, mes fautes, mes regrets : faites-moi l'aumône d'un peu de tendresse. »

Et ce pacte affectueux fut immédiatement signé.

« Eh bien ! fit Antoine en se levant, le parrain Croisic demandera pour marraine la femme de Grégoire, le marchand de bœufs. »

Le consentement de la Ravenelle ne se fit pas attendre, car quelques jours après on apportait à la Gréée, à l'adresse d'Angélus, une layette complète avec un mot affectueux de la fermière.

Un matin le sonneur de la Gréée se pendit à la cloche avec une énergie qu'on ne lui connaissait pas ; il y avait de l'enthousiasme dans la façon dont il s'abandonnait au balancement de l'instrument d'airain. Peu après, et avant que les tintements se fussent évaporés en ondes sonores, le cortége d'un baptême entrait dans la petite église. Zacharie marchait le premier, grave, recueilli, le cœur gonflé de joie. La paternité devenait le complément de cette nature loyale. Il la portait fièrement et pieusement aussi. La Ravenelle souriante tenait dans ses bras, caché sous de triples voiles blancs, le petit enfant ; et, dans le parrain correctement vêtu et répandant d'une main prodigue les pièces blanches et les gros sous, il était difficile à première vue de reconnaître l'Homme à la Peau-de-Bique.

Depuis longtemps il n'avait pas franchi le seuil d'une église. En récitant les prières latines il hésita parfois ; mais son accent fut énergique et sincère quand il promit d'aimer, de protéger le petit être auquel il donna les prénoms d'Ange-Antoine.

On revint à la maison d'école, et dès que la porte s'ouvrit, Angélus se souleva sur ses oreillers et tendit les bras. Ce fut Zacharie qui lui porta son enfant, et un double baiser reposa à la fois sur le front d'Ange-Antoine.

La Ravenelle pourvut à tout avec une grâce accorte ; elle appelait Antoine Croisic « cousin Antoine », comme si l'Homme à la Peau-de-Bique n'eût jamais quitté le pays.

« Mes amis, disait le soir Antoine à Zacharie et à sa femme, les hommes forts sont ceux qui croient, espèrent et aiment ! Je sentais se révolter mon orgueil à la pensée de franchir la porte d'une chapelle : ce tout petit être m'y a conduit à sa suite, et j'y retournerai ! C'est singulier comme la vertu repose ! On dirait une brise du paradis chassant les brouillards des marais. »

> Nos âmes sont comme des oiseaux qui volent vers la mort, c'est l'abreuvoir où ils vont pour se reposer, et ils y tombent.
> (*Poète arabe.*)

Les années, en s'accumulant, ont courbé davantage la taille de Patience ; son pas chancelle, ses forces déclinent ; il ne se dissimule point que le Seigneur a fait le compte de ses jours ; il doit se hâter de jouir des filiales tendresses rassemblées autour de lui. A mesure que l'énergie physique l'abandonne, la vitalité de son âme semble grandir. Il éprouve un ardent besoin de rapprocher de son cœur ceux qui lui furent chers, et c'est sur l'enfant de Zacharie que se concentrent les témoignages les plus vifs de son amour d'aïeul. Nul n'oserait contester ce titre à l'aveugle de la Gréée. Si le jeune maître d'école ne lui doit pas le sang de ses veines, il lui doit la flamme de son intelligence, la droiture de son cœur, l'honorabilité de sa vie, la science modeste d'instituteur de village qui le fait vivre et lui permet de répandre sur d'autres créatures les bienfaits de l'éducation. Certes ce n'est point Zacharie qui déniera cette qualité sublime au vieillard. On comprend dans les moindres détails de la vie à quel point l'instituteur vénère et chérit celui qui ne tardera point à lui être enlevé. Angélus le seconde avec une bonté touchante. Tout le village se ligue pour rendre douces les heures suprêmes de ce patriarche. L'opulence règne dans la maison d'école. Chaque paysan apporte, les jours de marché, une volaille, une motte de beurre, des œufs frais : « C'est pour l'ancien ! » et Zacharie et sa femme n'osent refuser.

Si la pensée de perdre son bienfaiteur arrache des larmes au jeune maître d'école, il se garde bien de les laisser voir à Angélus. Dans cette maison chacun met son bonheur à faire celui d'autrui, et trouve une félicité intime à se sacrifier. On dirait, quand on entre dans cette demeure, que les soucis, les difficultés de la vie n'y pénètrent jamais, tant est parfaite la sérénité de tous les visages. Là cependant, là comme ailleurs, comme partout, il règne des chagrins, et germe des embarras. L'argent manque souvent, ou du moins il faut soigneusement retourner une pièce d'argent dans sa main avant de la dépenser; songez donc : 400 francs d'appointements : 23 sous par jour ! Si Zacharie ne se levait pas avant l'aube pour tisser un peu de toile, s'il ne menuisait pas bien avant dans la soirée, comment vivraient sa femme et son enfant? — 23 sous ! — la dot d'Angélus rapporte peu. A la campagne on n'aime pas les rentes sur l'État, et les actions du chemin de fer sont dans une défaveur complète. Les 1000 écus ont servi à acheter un champ, et le champ nourrit la vache, les chèvres et quelques moutons. On ne vend ni les chevreaux ni les agneaux, il faut les garder pour qu'un jour un troupeau augmente l'aisance de la maison. Les avettes fournissent leur rente ordinaire : autant de ruches autant d'écus de 6 francs. Mais Zacharie est un homme de précaution, il songe à l'avenir : si modeste que soit le total formé par ses appointements d'instituteur, ses doubles métiers de tisserand et de menuisier et la récolte des abeilles, il met de côté quelque chose, afin de n'être pas pris au dépourvu quand la maladie surviendra inopinément, ou qu'Angélus, dont la démarche s'alourdit déjà, deviendra mère d'un second enfant. Ces préoccupations sont grandes. Le jeune père de famille les sent parfois bourdonner dans son cerveau. En faisant et refaisant les calculs de ce pauvre budget, il se demande si le bois ne manquera pas durant l'hiver. Il s'effraie si le blé augmente. Une mauvaise année de châtaignes ou de pommes de terre le désole au fond de l'âme ; cependant lorsque Angélus, inquiète elle aussi, le consulte, lui expose ses doutes, ses angoisses, il la réconforte et lui sourit. Peut-être ne le quitte-t-elle pas tout à fait rassurée, mais elle le lui laisse croire. Patience et Ange-Antoine les voient toujours souriants et joyeux. Piété sainte envers le vieillard, qui sans cela s'accuserait de grever le petit ménage ; prévision admirable envers l'enfant, qui voit toujours en face de son regard des physionomies sereines. Zacharie se souvenait trop des angoisses qui lui remplissaient l'âme quand Tiphaine et Jean Loup allaient graduellement des reproches à l'irritation sourde, et des blasphèmes aux dernières brutalités. Il se rappelait d'une façon implacable les scènes d'ivresse de son père, et les revanches de Tiphaine qui retombaient sur ses épaules. Aussi jamais le petit Antoine ne vit un visage triste à Zacharie, jamais Angélus ne parla moins doucement à son mari devant le cher Ange. Son éducation commença dès le berceau; les paroles qu'il entendit dès sa première heure furent aussi pures que le lait dont on abreuva ses lèvres.

Patience et Ange-Antoine, tous deux si près du ciel, l'un parce que son âme venait d'en descendre, l'autre parce que la sienne allait y remonter, n'entendaient que des voix amies, et si quelque nuage passait sur la maison d'école, jamais il n'éclatait pour eux.

La séparation devenait inévitable. Zacharie et sa femme se roidissaient contre cette grande douleur, qui, pour être prévue, n'en restait pas moins amère.

L'abbé Kervot venait plus souvent au logis; il passait de longues heures avec l'aveugle, épurant de plus en plus cette âme qui devait rejoindre l'essence de toute pureté pour s'y confondre à jamais.

Par une belle soirée d'été Patience pria Zacharie de rouler son fauteuil près de la fenêtre. Le vieillard ne souffrait pas; sa pensée restait lucide; il lui semblait seulement, disait-il, que son cœur battait des ailes comme un oiseau prêt à s'envoler.

Angélus assise à ses pieds venait de poser sur les genoux de l'aveugle le petit Ange-Antoine, qui, peu solide encore sur ses jambes, se tenait à peu près en équilibre, en se cramponnant aux boucles argentées du vieillard.

Zacharie debout s'appuyait sur le dossier du siége de son père adoptif.

« Mes enfants, dit Patience, vous êtes sages et vous êtes chrétiens : vous ne pleurerez point trop sur cette dépouille que recouvrira la terre dont elle fut formée ; vous songerez que la part de moi qui vous aima doit exister d'une immortelle vie, et que sa tendresse ne peut mourir. Je vous regrette, oh ! oui, mon cœur de chair saigne au dedans de ma poitrine ; j'abandonne pour un temps tout ce qui m'aima et dora ma pauvre vie de maître d'école de village... Et cependant je remercie le Seigneur d'avoir prolongé ma vieillesse de telle sorte que j'aie pu bénir l'enfant de mon enfant !

« Pas de deuil parce que je pars : j'entreprends un voyage, son but est tel que vous m'y rejoindrez... Avant que la mort rende muettes ces lèvres qui dirent ton nom tant de fois, Zacharie, je veux te bénir de ta tendresse, car de nous deux l'obligé ce fut moi ! Tu payas au centuple le peu de bien que je te fis, et je te dois une grande part de l'amitié dont chacun m'honore. Ton respect donna la mesure de celui des autres. Toi aussi, chère fille, confondue par moi dans mon paternel amour, tu t'es montrée bonne, dévouée et tendre, et bien des fois, je le sais, tu te privas de serrer ton enfant sur ton sein pour le laisser dans mes bras... Je te comprenais et je te laissais faire... Dieu te donnera le temps de te dédommager... Je ne te recommande pas d'aimer Zacharie ! je ne dis point à Zacharie de se montrer bon pour toi ! Vos cœurs suivent leur pente et cela leur suffit. Dieu bénit ta maison nouvellement fondée, mon fils ! il te promet une nombreuse famille, sache t'en réjouir ! Il est coupable devant le Seigneur et devant la société celui qui manque de courage en voyant augmenter les berceaux sous son toit. Le premier enfant qui te viendra, tu l'appelleras Patience ! un nom de vertu ! Allons ne pleurez pas, Ange-Antoine croirait que je vous afflige... je voulais vous parler ce soir, tandis que les brises d'été m'apportent les parfums de ma chère campagne... Demain j'appartiendrai tout à Dieu... Et maintenant, Zacharie, fais-moi un plaisir, mon enfant ; triomphe par affection de l'émotion qui t'étouffe, et satisfais le dernier caprice du bonhomme Patience... Va chercher ton biniou, que je t'entende encore une fois... »

Le jeune maître d'école étouffa un sanglot, baisa la main de l'aveugle et prit son instrument.

Ce qu'il lui fit dire, nul ne le nota jamais, pas même lui ! Il composa inspiration une symphonie champêtre, que Beethowen eût peut-être signée.

Le jeu de Zacharie fut large et simple, comme toutes les grandes choses. Quand le morceau fut fini le jeune homme épuisé tomba sur ses genoux.

« C'est bien, mon fils ! » dit Patience.

Le vieillard gagna lentement son lit, mais ni Angélus ni Zacharie ne consentirent à le quitter malgré ses instances.

Au matin les enfants de l'école, pieds nus, afin de ne pas fatiguer le cher malade aidèrent à parer la chambre où l'on devait apporter le viatique. Angélus prit tous ses draps dans l'armoire, et la salle se trouva bientôt tendue comme les rues le jour de la Fête-Dieu ! Des bouquets attachés de distance en distance en coupaient l'uniformité ! A terre des brassées de buis et de genêts répandaient un parfum âpre, cher à ceux qui l'ont respiré dans leur enfance. L'autel s'élevait près du lit de l'aveugle.

Quand l'abbé Kervot parut, les écoliers, massés dans la chambre, tombèrent à genoux, le village envahit la maison d'école ; chacun voulait unir ses prières à la dernière invocation du mourant.

Ce fut un touchant tableau que celui de la fin de ce vieillard. Il semblait qu'il attendît la visite du Sauveur pour exhaler son âme.

L'abbé Kervot ne trouva sur ses lèvres que des encouragements à donner à celui qui s'éteignait dans la foi.

« Serviteur fidèle, lui dit-il en finissant, selon la parole de Job *tu entreras au tombeau après avoir achevé les années de ta vie, comme ces gerbes qu'on recueille dans l'aire au temps de la moisson* (1). » Les mains de l'aveugle effleurèrent les fronts courbés d'Angélus, du petit enfant et de Zacharie, et, répondant à la citation du recteur, il murmura :

« Seigneur, liez la gerbe et engrangez-la ! »

La foule se retira silencieuse.

La Ravenelle, accourue au bruit de l'agonie de Patience, Guéméné et Léonarde restèrent seuls.

---

1. Job., v, 28.

Angélus prit son enfant et dit à Léonarde :

« Nous devons remplir ici des devoirs dont il ne faut pas attrister les yeux de cet innocent. Gardez-le chez vous, pendant que... » La jeune femme n'acheva pas et se jeta dans les bras de son mari.

Elle ne voulut point que l'on enlevât à la chambre mortuaire les fleurs qui l'entouraient.

« C'est un juste, dit-elle, on le fête au ciel ! »

Angélus ne souffrit pas qu'on lui aidât à ensevelir le père adoptif de son mari ; malgré son état de santé et son profond chagrin, elle voulut remplir seule la tâche mortuaire. D'une main tremblante elle coupa une mèche de cheveux blancs sur le front du vieillard. Elle plaça sur son cœur un crucifix, à ses pieds un vase d'eau bénite dans lequel trempait le dernier rameau pascal.

Pendant ce temps l'on entendait grincer sur les planches le rabot et la scie du maître d'école. Zacharie passa la nuit à polir et à assembler la bière de Patience.

On fit à cet humble vieillard d'aussi belles funérailles que le permit la simplicité des ornements de l'église de la Grée. L'abbé Kervot regrettait profondément cet homme, qui avait *passé en faisant le bien*. Le cortége se dirigea vers le cimetière. Il présentait un aspect bien différent des enterrements ordinaires. S'inspirant des paroles du recteur près du lit du mourant, Zacharie les voulut animer en quelque sorte. Dans les mains de chacun des enfants du village il plaça un gros bouquet d'épis, et lorsque la terre eut tristement sonné sur le cercueil, pelletée à pelletée, chacun des écoliers s'avança, posa sur le tertre noir sa poignée d'épis, et lorsque le monceau doré fut complet, Zacharie, présentant une longue tresse de paille au curé, lui dit d'une voix entrecoupée :

« Monsieur le recteur, voulez-vous lier la gerbe? »

Et cette gerbe, image naïve des vertus du vieillard, resta dressée sur sa tombe, jusqu'à ce que le vent et les oiseaux du ciel l'eussent abattue et dispersée.

IV

GRÊLE ET TEMPÊTE.

Le temps était horrible ; le vent, soufflant avec furie, pénétrait dans la chambre et rabattait la fumée de l'âtre près duquel se tenait Angélus berçant sa dernière petite fille, tandis qu'Antoine embrassait les mains roses de la mignonne endormie. De temps en temps la jeune femme se levait et collait son visage contre les vitres, afin de chercher, à travers les tourbillons de poussière soulevés par l'orage, si Zacharie ne paraissait pas. Le tonnerre grondait sourdement, rapprochant ses détonations, élargissant les nappes bleues de ses éclairs, dont la lueur arrachait des cris d'effroi au petit Antoine. Tout à coup la grêle résonna contre les vitres, ajoutant les terreurs de la ruine à l'épouvante de la tempête. Angélus s'inquiète : son mari devrait être rentré. Une dernière fois elle court à la croisée, et pousse un cri d'allégement : Zacharie est à quelques pas causant avec animation au milieu d'un petit groupe de paysans. Si grande est sa préoccupation qu'il ne s'aperçoit pas de l'orage, de la grêle ;

ses mains pressent son front; il parle, il élève la voix, puis tout à coup se précipite dans sa maison, saisit Angélus dans ses bras et lui dit d'une voix entrecoupée :

« Ma chère femme, sois sans inquiétude, je ne serai pas longtemps absent.

— Où vas-tu ? demande Angélus éperdue.

— Ne me questionne pas maintenant, je t'en conjure, tu sauras tout plus tard.

— Mon Dieu ! s'écrie la jeune femme, tu as un grand chagrin ?

— Si cela est, tu tâcheras de m'en consoler. »

Quelque instance que fasse Angélus, son mari refuse de lui en dire davantage ; il donne un baiser à chacun des enfants, presse une dernière fois sa femme sur sa poitrine et quitte la maison d'école. Angélus ouvre le premier battant de la porte, et voit son mari courant avec rapidité dans la campagne ; elle le perd bientôt de vue, se rapproche du foyer dont elle essaie vainement d'aviver la flamme, et, prenant ses deux enfants sur ses genoux, elle les couvre de baisers et de larmes.

« Seigneur, murmure-t-elle, éloignez le chagrin du front de ces petits. »

Elle songe à Zacharie, dont une violente douleur remplit l'âme : elle se souvient de la mort de Patience, qui laisse un si grand vide dans la famille, elle pense que les arbres fruitiers vont perdre toutes leurs fleurs, qu'elle n'aura cette année ni grains ni fruits ni légumes : elle tremble de voir entrer la misère dans sa maison. Ce n'est pas pour elle qu'Angélus redoute les privations : elle ne voit que son mari et ses enfants.

Quel orage! Jamais dans le pays on n'en subit un pareil. Une bouffée de vent, une trompe de grêle entrent brusquement par la porte subitement ouverte; Rousselot le garde champêtre, ruisselant d'eau, les cheveux collés aux tempes, le visage bouleversé, s'avance vers la femme de Zacharie.

Angélus lui souhaite un amical bonjour, l'invite à s'asseoir, et le garde champêtre, installé dans la grande cheminée, essaie d'y sécher ses habits transpercés. La jeune mère n'ose l'interroger; pourtant elle devine qu'il a quelque chose de grave à lui dire, par instinct elle rattache la visite de Rousselot à la même cause que le brusque départ de Zacharie. Mais le paysan est naturellement silencieux, et dans la Bretagne les femmes ont gardé la coutume de considérer l'homme comme leur supérieur. Angélus remplit d'abord les devoirs de l'hospitalité : elle prépare une rôtie, fait chauffer un pichet de cidre, puis quand le tout est prêt dans une vaste écuelle, elle la tend au garde champêtre, qui la remercie, secoue la tête avec commisération et commence à manger sa rôtie. Antoine s'inquiète de voir sa mère pâle et les larmes aux yeux, et, loin de jouer comme de coutume avec le sabre de Rousselot, il s'en éloigne d'un air craintif.

« Un mauvais temps, par la foi de mon baptême! dit le garde champêtre en se levant et posant sur la table son écuelle vide. Je ne mettrais pas dehors mon chien Finaud pour recevoir pareille averse!

— Et vous êtes sorti cependant, vous? demande An-

— Ah! c'est différent, le devoir!

— Tenez, dit Angélus, incapable de dissimuler plus longtemps son angoisse, un malheur nous menace- nous sommes peut-être déjà frappés... Je vous en conjure, ne me cachez rien! Je suis forte contre une peine inévitable, si mes enfants et Zacharie sont sains et saufs le reste n'est rien, mais Zacharie vient de partir sans me dire où il va. Jamais je n'ai vu semblable douleur sur ses traits ; j'ai peur pour mon mari... parlez, Rousselot; vous pouvez tout m'apprendre...

— Cela vaut mieux en effet! Oui, votre mari doit grandement souffrir, car il possède un cœur comme on n'en voit guère, et le coup qui l'atteint lui sera rude.

— Je le savais, le malheur est sur nous !

— N'exagérez rien, et jugez-en... Hier matin, traquant des braconniers dans les environs de la Nouée, je suivais le bord de l'étang quand j'aperçus une masse noire flottant sur l'eau lourde et verdâtre... Je me penche, j'essaie d'atteindre ce corps sombre dont la vue m'inquiète; je n'y réussis pas d'abord... J'abats d'un coup de sabre une forte branche de chêne, et, grâce à cette gaffe, j'amène à portée de ma main l'objet flottant... je l'attire, je le soulève; son poids m'entraîne, je rassemble mes forces en me courbant en arrière, et je tire enfin de l'eau le corps d'un noyé... Les lentilles d'eau qui couvraient la face, le gonflement du visage m'empêchent d'abord de reconnaître ce malheureux... mais au bout d'une minute de soins et d'attention je sais quel est ce mort et je m'écrie : Jean Loup!

— Le père de Zacharie ? demande Angélus.

— Oui, répond le garde champêtre.

— Mon Dieu ! mon Dieu ! s'écrie la jeune femme.

— J'appelai un enfant, et le chargeai de rester près du cadavre, puis je courus à Josselin prévenir les autorités. En revenant je passai par les Pierriers. Il fallait apprendre ce qui s'y était passé. Je trouvai Tiphaine seule dans sa maison, affamée comme une louve et roulant des yeux hagards.

— L'avez-vous vu ? me dit-elle.

— Je l'ai vu ; qu'est-il arrivé le jour où il vous a quittée ?

— Ce qui est arrivé ? Ah ! les gueux, les misérables, les voleurs ! ils mériteraient les galères, Issachar Samon surtout... »

Tiphaine prit sur l'appui de la fenêtre une poignée de papier timbré :

« Voilà ! dit-elle ; les emprunts ont mangé les champs et le bétail... l'ivrogne a bu le reste ! Un matin il est entré aux Pierriers des hommes qui nous ont dit comme ça : « Demain on affiche la vente de votre maison. — Mais je ne veux pas la vendre, m'écriai-je. — Votre mari a pris de l'argent dessus et l'immeuble répond de la dette. — Ça m'est bien égal, dis-je encore ; cette maison est ma dot, elle me vient d'héritage par mon père... personne ne peut me la prendre, et si l'on essaie... » Je crois que ma figure était terrible, car les hommes reculèrent. Je m'approchai de Jean Loup :

« Pourquoi ne dis-tu rien, toi ? »

« Il me regarda avec une sorte de mépris et haussa les épaules. Les hommes sortirent ; quand nous nous trouvâmes seuls, je lui demandai : « Est-ce vrai, Jean

Loup, que la loi va me prendre mes champs et ma maison? » Il répondit sans cesser de me regarder : « C'est vrai ! » Je vis tout rouge et les cloches me sonnèrent dans les oreilles. Je criai, je maudis Jean Loup, je courus à lui, je voulais... Je ne sais pas ce que je voulais, mais j'aurais souhaité déchirer quelque chose avec mes ongles... Il me repoussa, je revins à la charge; j'écumais. Son bras se leva, tomba et je roulai sur le sol; j'avais la tête entr'ouverte... là... ça saigne encore...

« Je vis Jean Loup ouvrir un tiroir, y prendre pêle-mêle des papiers : ceux-ci... mettre dans sa poche le seul argent qui restât dans cette maison et partir en courant... Je voulus me lever : impossible; je ne pus qu'étendre le bras vers lui et appeler, il ne tourna pas la tête... Vers le soir je me traînai du côté de la fontaine, je lavai ma blessure et je la bandai le mieux que je pus... je mangeai une vieille croûte de pain, et je me jetai sur mon lit sans quitter mes haillons... On vint le lendemain dans la matinée coller sur la maison une affiche jaune, je me traînai à la porte et je la déchirai... Il restait une pomme de terre froide, je l'ai mangée... »

« Quelque misérable que fût cette créature, elle m'inspira un sentiment de pitié. J'oubliai en une minute ses cruautés, ses vices, pour ne voir qu'une vieille femme amaigrie, affamée, blême; alors tirant quelques sous de ma poche, je les plaçai sur ses genoux.

« Qu'est devenu Jean Loup? me dit-elle; car c'est de lui que vous vouliez me parler.

— Jean Loup vient d'être trouvé dans l'étang de la Nouée. »

« Aucune émotion ne parut sur son visage.

« Il s'est noyé, dit-elle, après avoir bu l'argent.

— Ne voulez-vous pas le revoir ? »

« Elle frissonna, se recula de moi et me répondit :

« Non ! »

« Une seconde après elle ajouta :

« On va me chasser des Pierriers ?

— Au premier jour.

— Il y a encore place dans l'étang de la Nouée, » murmura-t-elle. Je n'essayai point de la consoler, car elle ne regrettait pas son mari ; je lui laissai de quoi avoir du pain et je partis...

« Les renseignements qui me furent fournis au cabaret me confirmèrent dans mes soupçons ; avec ses derniers sous Jean Loup avait acheté de l'eau-de-vie... En traversant la campagne pendant la nuit, est-il tombé involontairement dans l'étang ; ou bien, a-t-il terminé par un dernier crime une vie misérable ?..... Ceci regarde le Dieu qui l'a jugé. Moi, songeant à Zacharie, j'ai fait constater l'identité du cadavre ; puis par charité lui laissant le bénéfice du doute, on a mis en terre sainte le corps trouvé dans la commune de la Nouée, je ne voulais point que votre mari eût le déchirement et la honte d'un enterrement semblable dans la paroisse où chacun l'aime et le respecte... »

Angélus tendit la main au garde champêtre.

« Merci, dit-elle, pour moi, pour mon cher Zacharie et pour les enfants ! »

Puis posant les deux petits innocents dans le même

berceau, elle ouvrit son coffre à habits et jeta une mante sur ses épaules.

« Où voulez-vous aller? lui demanda Rousselot.

— Vous ne le comprenez pas? Je veux aller chercher mon mari.

— Y songez-vous, malheureuse femme! Loin de se calmer, l'orage redouble, les chemins sont pleins de fange et défoncés à n'y pouvoir mettre les pieds... Zacharie ne peut tarder à venir, et vos enfants...

— Léonarde les gardera... Ne cherchez pas à me retenir, Rousselot; j'ai un devoir, un grand devoir à remplir; rude peut-être, mais il me trouvera vaillante. Oh! laisser mon bon et honnête mari dans un tel deuil!...

— Mais, pauvre créature, savez-vous seulement où il est?

— Aux Pierriers! » dit-elle d'une voix calme, en regardant Rousselot avec une sorte d'orgueil; elle se sentait fière devant le brave garde champêtre d'être la compagne d'un homme héroïque à sa manière.

En ce moment un coup de tonnerre épouvantable ébranla la maison, et l'on put croire que la foudre venait d'éclater.

« Ne risquez pas votre vie! dit Rousselot... tenez, voyez-vous à travers les vitres cette colonne de flammes? c'est une meule qui brûle... »

Mais Angélus ne tient pas compte des supplications de son vieil ami; elle se dégage et court vers la porte... Une autre main l'ouvre avant elle, et Zacharie paraît sur le seuil, soutenant une femme chancelante enveloppée d'une mante dont elle s'empresse de rejeter le capuchon en arrière.

Cette femme c'est Tiphaine.

Angélus se jette dans les bras de son mari.

« J'allais vous chercher tous deux, » dit-elle simplement.

Puis la jeune femme débarrasse sa belle-mère de sa cape mouillée, lui avance près du feu l'unique fauteuil de la maison et semble par son regard, le son de sa voix, ses attentions délicates, lui répéter :

« Nous vous soignerons et nous vous aimerons ici. »

Mais rien n'adoucit la rigidité des lignes du visage de Tiphaine ; rien, pas même la vue des deux beaux enfants qu'Angélus veut mettre dans ses bras.

A peine la vieille femme est-elle installée, qu'Angélus ouvre la mée au pain, le saloir, casse et bat des œufs, et prépare, malgré sa fatigue et les émotions violentes qu'elle vient de subir, un repas auquel Zacharie seul fait honneur. Tiphaine repousse les mets qu'on lui sert, soit manque d'appétit, soit par une sorte de dédain. Angélus se sent oppressée de son silence, son regard aigu et fier lui fait mal ; sa voix est fêlée et sonne faux à l'oreille ; les mots rares qui tombent de ses lèvres gardent le fiel d'anciennes amertumes et de sourdes colères. Elle ne paraît pas se réjouir de l'aspect honnête de cette maison, de ce mobilier, de la tenue propre et modeste de cette jeune mère, du soin qui préside à la toilette des petits enfants. On croirait que chaque détail de vertu, de concorde affectueuse, lui reproche son passé, ses vices, et que la tendresse de ces jeunes époux est une accusation tacite portée contre elle.

Rousselot paraît inquiet. Il sait bien que ni Angélus ni Zacharie ne pouvaient faire autrement qu'ils n'ont fait; mais il ne se dissimule pas que l'ivraie est semée dans le champ d'épis et de fleurs, et que désormais il coulera sous ce toit des larmes ignorées.

Angélus force la Tiphaine à quitter ses haillons ruisselants pour revêtir un chaud costume de drap, le meilleur de la femme du maître d'école. Zacharie attendri embrasse ses enfants pour cacher les pleurs qui montent à ses yeux. Il n'a jamais, pense-t-il, assez apprécié et chéri sa femme. Il venait à la maison, non pas inquiet, mais le trouble au cœur, se demandant ce qu'allait penser Angélus de la lourde charge qu'il voulait lui faire partager. Le ménage est si peu riche; encore la dépense matérielle sera-t-elle peu de chose, comparée aux épreuves que ne manquera pas de leur infliger la Tiphaine. Zacharie n'espère point changer l'âpre nature de sa mère. Il compte par avance les heures pénibles que lui et sa femme endureront; mais le devoir est là, l'inflexible devoir qui commande d'honorer son père et sa mère et n'admet aucune restriction dans sa pratique. Zacharie le remplira pour lui d'abord, pour ses enfants ensuite. Il croirait perdre dans l'avenir ses droits à leur respect s'il se montrait égoïste et cruel envers cette femme affaiblie par les privations, aigrie par le chagrin, et qui porte au front, comme dernier adieu de Jean Loup, une blessure saignante.

« Ta mère occupera cette chambre, dit Angélus à son

mari, et nous dormirons cette nuit dans l'étable, car je ne saurais consentir à occuper si vite le lit de Patience. »

En une minute les draps sont changés, les couvertures retournées ; tandis que Zacharie allume la lanterne, Angélus panse la blessure de Tiphaine, lui aide à se mettre au lit, borde les draps et les bannes et lui souhaite amicalement bonsoir.

Tiphaine répond par un mot indistinct, et la jeune femme rejoint son mari.

Elle le trouve assis sur les bottes de foin qu'il a déliées. Sa tête est cachée dans ses mains, sur lesquelles tombe son épaisse chevelure noire.

La lanterne, accrochée fort haut, projette dans l'étable une clarté rare.

Moutons et chèvres sont endormis. De temps en temps le bêlement d'un chevreau s'élève comme un gémissement.

Cette scène est simple, fort simple, et se passe dans un cadre vulgaire, et cependant que de grandeur vraie dans ce mari et cette femme! Combien ils se montrent dignes l'un de l'autre! et si l'un d'eux garde plus de sérénité, de force, de courage, c'est la femme, l'être faible!

Angélus comprend les inquiétudes de Zacharie; elle lit au fond de sa pensée, et si sa raison lui affirme qu'il a le droit de s'alarmer, sa tendresse s'obstine à le lui défendre. Elle commence par écarter les mains du songeur, puis elle lui passe familièrement les bras autour du cou.

« Tu as bien agi, dit-elle, et ta conduite portera bonheur à nos enfants... Ne crains rien pour ta mère, je ne serai point une bru, mais une fille pour Tiphaine... On n'est pas en vain la femme d'un maître d'école; je sais l'histoire de Ruth et de Noémi... Sans doute en ce moment nous sommes peu riches, et la grêle a tout perdu dans le verger comme dans le jardin ; mais les avettes nous restent ; je vendrai les plumes de nos oies amassées depuis trois ans pour faire une couëtte, j'en aurai 100 écus ! Ne t'afflige donc pas, mon cher et bon mari, le Seigneur ne nous éprouvera point au-dessus de nos forces... Nous sommes jeunes, laborieux; les enfants se portent bien; aurions-nous le courage de nous plaindre de quelque chose et même de nous inquiéter ?... »

Angélus entendit un long sanglot soulever la poitrine de Zacharie.

« Tu pleures, dit-elle, tu pleures?

— Oui, fit-il, et je n'en rougis point... Je pleure d'attendrissement en écoutant tes paroles... Je verse des larmes de joie en bénissant le Seigneur de ce qu'il t'a donnée à ma vie ! Angélus! Angélus! tu n'es pas seulement mon cœur et mon amour, tu es encore ma conscience ! »

V

JOUSSE DE FEUILLES.

A quelques jours de là, Antoine Croisic entra chez le maître d'école avec un sourire de contentement sur les lèvres et dans les yeux.

« Madame Angélus, dit-il, je viens vous demander la permission d'emmener votre mari pour deux jours.

— Mais c'est une séparation ! dit Angélus avec une sorte d'effroi.

— Tout au plus une promenade... Je l'ai faite avec ce brave garçon quand il s'est agi de son examen d'instituteur.

— Et combien vous fûtes bon pour lui !... C'est à Vannes que vous allez ?

— Nous pousserons jusqu'à la Gacilly. J'ai à traiter une affaire de grains et de bétail avec un fermier des environs... Je ne serais pas fâché en même temps de ramener un bon valet. Dans la crainte de m'ennuyer pendant la route et aussi pour avoir les conseils de Zacharie dont je fais grand cas, je souhaite qu'il m'accompagne. La carriole sera demain à sa porte, si vous le voulez.

— Suis-je donc la maîtresse? demanda la jeune femme gaiement. Serment d'obéissance j'ai prêté à l'église le jour de mon mariage, et serment d'obéissance je tiendrai... Je ne suis point avide de gouverner mon mari et ma maison. Je crois Zacharie meilleur et plus intelligent que moi et je lui laisse tout conduire à sa guise. J'ai bien assez de mes enfants! et encore, si je veux être franche, j'avouerai n'être pas bien sûre qu'ils ne me commandent pas.

— Tout cela est exact, madame Angélus, et pourtant, vous le savez bien, si ce voyage vous devait attrister, Zacharie ne le ferait pas.

— Eh bien! vrai, Croisic, je serai toute réjouie de penser que mon mari s'égaie honnêtement avec un brave voisin comme vous! Autant je redouterais pour lui certaines amitiés, autant la vôtre m'est précieuse. Allez, je sais bien que les licous trop serrés donnent envie de s'enfuir à ceux qui les portent... Voici mon mari, revenant du rûcher, un enfant sur chaque épaule ; demandez-lui ce qu'il pense de votre proposition. »

Le maître d'école n'y vit qu'un obstacle : ses élèves.

« Le mercredi je ferai ta classe, dit en riant Angélus, et le jeudi ils ont congé.

— Alors, c'est dit, j'accompagne Antoine Croisic. »

Le lendemain les deux hommes partirent, et Angélus, debout sur le seuil, les regarda aussi longtemps qu'elle put. Le coude formé par la route rendit enfin la carriole invisible; elle rentra chez elle, fit réciter le catéchisme aux enfants, leur donna à copier les modèles d'écriture, et dora pour eux dans la poêle les plus belles crêpes à jour dans lesquelles ils eussent jamais mordu.

Pendant ce temps-là, le cheval courait le long d'une route ombragée par les branches entre-croisées des arbres.

Il faisait une de ces journées de mai pendant lesquelles la campagne tout entière ressemble à un immense bouquet. Les buissons disparaissent sous les fleurs et la brise était chargée de parfums d'aubépine. Antoine, heureux de se retrouver avec son ami, et de refaire pour ainsi dire le pèlerinage de sa jeunesse, était bien plus gai, bien plus causeur qu'autrefois. Il ne gardait plus de secret pour Zacharie; celui-ci n'en avait jamais eu. Si le maître d'école parlait d'Angélus, il était sûr d'entendre à son sujet un mot de louange, et s'il était question de l'aîné de ses enfants, l'Homme à la Peau-de-Bique disait : « Notre Antoine. » On dîna et on coucha à Vannes; de bonne heure le lendemain, nos voyageurs aperçurent le clocher de la Gacilly et côtoyèrent les rives de l'Aph, une rivière pure comme un ruisseau.

« Allons d'abord à la ferme de Claumusse, dit Croisic, nous aurons tout le temps ensuite de nous promener. »

On les renseigna sur le chemin, et quand ils se trouvèrent dans la cour de Claumusse, les voyageurs demandèrent le maître du logis.

La fille de basse-cour les regarda de l'air surpris de quelqu'un qui ne comprend pas la question qu'on lui adresse.

« Mathurin Claumusse, répéta Antoine Croisic.

— Eh ben donc! il est à Saint-Jugan.

— Pourquoi faire? Pour combien de temps?

— Vous n'êtes pas du pays, ça se voit, répliqua la servante.

— Et à quoi ça se voit-il? dit en riant Zacharie.

— C'est aujourd'hui la *fête des semences*, et on la célèbre à Saint-Jugan, trois fois l'année... pas un laboureur qui se respecte ne manque de s'y rendre.

— Eh bien! ajouta Croisic, comme une prière de plus ne peut nuire, et que j'ai hâte de rencontrer Claumusse, je vais à la chapelle. »

L'Homme à la Peau-de-Bique et son ami suivirent une foule compacte et peu après se trouvèrent en face d'une des trois vieilles chapelles de la Gacilly. Malgré leur désir d'y pénétrer, ils ne purent y parvenir, et la moitié des fidèles resta sur la petite place, suivant de cœur l'office qui se célébrait à l'autel. Zacharie se demandait curieusement pourquoi chaque laboureur portait à la main un petit sac de graines. Un brave homme le renseigna brièvement sur cet usage, dont Zacharie se proposa de tirer parti; puis, la cérémonie terminée, Claumusse sortit un des premiers, et reconnaissant l'Homme à la Peau-de-Bique, il lui prit le bras et le ramena vers sa ferme.

Après le déjeuner Croisic acheta une certaine quantité de grains de diverses espèces et de première qualité. Il se plaisait à le regarder, à le vanner dans le creux de ses deux mains, à le faire apprécier à Zacharie. Le prix débattu, les deux coups donnés dans la main entre acheteur et vendeur, on alla dans les étables. Claumusse était finaud, sachant vanter les bêtes et les montrer à leur avantage, mais à aucun prix il n'aurait limé les dents d'un cheval ni employé un moyen frauduleux de prêter bonne apparence à son bétail. S'il en demandait une somme un peu ronde, il faut convenir qu'il ne s'agissait point de vaches maigres, peu soignées et donnant de la corne. Il n'était pas besoin de s'enquérir si l'on ménageait le foin dans le râtelier, et rien qu'en passant la main sur le poil luisant des laitières, on comprenait qu'elles avaient régulièrement leur poignée de sel. Cependant Croisic hésitait entre quatre bêtes de valeur à peu près égale. Il lui en fallait deux ; il appela Zacharie.

« Voyons, lui dit-il, quel est ton avis ?...

— Vous vous y connaissez mille fois mieux que moi, Croisic, et je n'ose.....

— Fais comme pour toi, mon garçon, fais comme pour toi ! »

Zacharie, par condescendance pour son ami, choisit les deux vaches. On y joignit deux paires de bœufs et un poulain.

« Ah ! ça mais revendez-vous le bétail chez vous ? demanda Claumusse.

— Non ; j'achète ailleurs une métairie. »

Zacharie ne questionna pas.

« Ne renvoyez-vous pas votre premier valet ? reprit Antoine Croisic.

— On ne renvoie point un gars comme lui... Je le regrette assez... Mais il demande de l'augmentation, et je refuse, pour ne pas donner mauvais exemple aux autres domestiques... Il lui faut 400 francs, c'est trop lourd pour moi.

— J'y ajouterai bien encore deux habillements complets, dit Croisic. Dans un mois il vous quitte; il peut en sûreté me venir rejoindre. »

Avec le valet l'affaire fut vite conclue. Deux livres de denier à Dieu donnèrent à Lucas la meilleure opinion de son nouveau maître, et il fut décidé qu'en venant à la Grée il y ramènerait le bétail et les grains.

Tout le monde se quitta content, et Croisic conduisit Zacharie sur l'emplacement servant aux marchés et aux foires, et tenta de lui faire admirer la butte du château, c'est-à-dire d'immenses amas de décombres entourés d'un fossé. L'ancien manoir du Houx, dont les fondations datent du vi° siècle, fut démoli pendant la Ligue, et les débris de ses murailles serviront à construire la Gacilly. Si petite qu'elle soit, la cité est commerçante; on y fabrique des chapeaux de laine, on y tanne des cuirs, on y tisse de la serge. Elle vit, commerce et prospère, mirant dans sa petite rivière ses maisons blanches et les ailes de ses moulins.

Antoine ne fit grâce d'aucun monument à son jeune ami et lui montra la mairie. Il faut l'avouer, Zacharie lui accorda une faible dose d'admiration; mais tout à coup il se dirigea rapidement vers une des murailles sur laquelle pendait un cadre garni d'un treillage, au milieu desquels s'ouvraient les deux faces d'un journal.

Chaque habitant de la Gacilly pouvait de la sorte lire la feuille départementale, s'enquérir du prix des denrées, de la date des foires et des marchés. Jamais un paysan ne songera à s'abonner à un journal, mais il sera très-satisfait de profiter de la facilité de le lire gratis. On ne peut l'en blâmer.

« Ces maîtres d'école ! s'écria Croisic avec un gros rire, on ne peut leur étaler devant les yeux un papier imprimé, sans qu'ils se croient obligés de le lire tout du long !

— Je lis celui-ci, Antoine, vous ne vous trompez point, et voici l'idée qu'il me fait germer dans l'esprit, car les maîtres d'école ont des idées comme les autres, n'est-ce pas ? L'homme qui a songé à faire profiter toute une ville et ses environs du journal auquel il s'abonne a certainement du cœur et de l'intelligence... On m'a dit tout à l'heure que c'était un médecin, le maire de l'endroit... Seulement je retourne dans ma tête le moyen non-seulement de m'approprier sa pensée, mais de l'améliorer. Ici commence la présomption du magister... Certes cette feuille renferme d'excellentes choses. Elle est sagement écrite et contient d'excellents conseils. Je lui reproche seulement de ne pas être villageoise. On y parle trop des choses de Paris, pas assez de la campagne. Paris ne nous inquiète pas, ne nous intéresse et ne nous regarde pas ! On écrirait à la place de Paris le nom de Babylone ou de Ninive, que cela reviendrait absolument au même. Aucun homme de la Grééc n'y mettra les pieds, et les filles ou garçons du village qui s'y rendent sont si bien perdus qu'on les pleure comme des morts... A mon avis, il ne faudrait parler au paysan que de la terre qu'il cultive, des arbres qui lui prêtent leur ombre, des bœufs qui aident son labour, des chansons qu'il chante, des fleurs qu'il aime. Il faudrait lui développer la poésie de toutes les choses qui l'environnent, et sans l'exagérer, lui montrer son bonheur... Eh bien ! ce journal du paysan, je le voudrais faire, non pour la France, une province, pas même un département, mais pour la Grée... Je l'écrirais chaque semaine et le dimanche après l'office le paysan viendrait le lire dans la salle de la maison d'école ?

— Mon ami, répondit Cassie, je te demande pardon de t'avoir raillé tout à l'heure, car j'approuve fort ton projet, et je voudrais lire dès demain le premier numéro de cette *Gazette* du pauvre village de la Grée.

— Bah ! fit Zacharie, ne m'encouragez pas trop, il serait fait pour dimanche... Pourvu, reprit avec plus d'hésitation l'instituteur, que l'on ne m'accuse pas d'orgueil.

— Laisse dire, quand même ! ton intention est bonne, cela doit te suffire, et si ma collaboration peut t'être utile, comme j'ai vu pas mal de champs de diverses espèces et des outils de toute sorte, je te donnerai des souvenirs de voyage... Ton idée est d'autant meilleure qu'en devenant utile à tous, elle te profitera à toi-même. L'arrivée de Tiphaine dans ta maison n'a pas été une joie et un aide, tant s'en faut ! Ton journal te consolera de bien des soucis en te forçant de les oublier.

Pendant le trajet du retour, on ne parla pas d'autre chose que du futur journal. Il fut convenu que ce projet resterait un secret pour Angélus jusqu'à son exécution. Cela coûtait bien un peu à Zacharie de ne pas confier cette bonne idée à sa femme, mais quel dédommagement elle trouverait dans la surprise !

Si le voyage avait été un plaisir pour le maître d'école, le retour à la Grée fut une joie. Il faisait nuit quand la carriole de Croisic s'arrêta devant la porte. Il trouva dans la salle Guémené promenant sa petite-fille, Angélus dressant le couvert, et Tiphaine droite, immobile et sombre dans la niche de l'immense cheminée. Devant le feu Antoine jouait avec les oreilles de Labrie.

Angélus sauta franchement au cou de son mari; Antoine vint se cramponner à ses jambes, Marie-Patience agita ses petites mains avec un gazouillement d'oiseau, Zacharie s'approcha de sa mère qui répondit d'un mot bref et dur à ses avances. Cet accueil eût glacé tout le monde, même le brave tailleur, si Angélus, avec sa bonne grâce, n'avait vite rétabli l'harmonie. On soupa gaiement et fort bien, car le tailleur, ayant reçu en cadeau une magnifique oie, en régalait la famille.

Le lendemain matin, au lieu de menuiser, Zacharie s'enferma dans la salle de classe, et pendant deux heures il écrivit. Il s'arrêta plus d'une fois, cependant, la plume suspendue, le regard au plafond, cherchant le mot fuyant son esprit. Cependant à la fin de cette séance il relut ce qu'il venait d'écrire et n'en resta pas trop mécontent. La classe fut faite avec soin; dans la soirée Zacharie s'assit à son métier de tisserand et travailla fort avant dans la nuit. Pendant plusieurs jours il continua de s'occuper de son journal; et après un labeur d'autant plus rude qu'il était moins habituel, Zacharie ayant devant lui un monceau de petits papiers volants, les recopia chacun à sa place sur une immense feuille de papier divisée en colonnes, partagée au bas par le rez-de-chaussée du feuilleton, et embellie d'oiseaux calligraphiques et d'insectes volant à coups de plumes. Ce chef-d'œuvre achevé, Zacharie annonça doucement à sa femme qu'il dînerait chez Antoine Croisic.

Celui-ci l'attendait. Le maître d'école déplia sa feuille, et d'une voix palpitante commença la lecture de ladite feuille hebdomadaire et champêtre.

GAZETTE DU VILLAGE

RÉDIGÉE PAR LE MAITRE D'ÉCOLE ET COPIÉE A UN SEUL EXEMPLAIRE.

On peut gratuitement la lire chaque dimanche à la sortie des Vêpres dans la maison d'école.	On reçoit avec reconnaissance les avis, conseils et renseignements utiles.

LA GRÉÉE DE SAINT-LAURENT.

A Monsieur le baron de Janzé, propriétaire de la forêt de la Nouée.

Monsieur le baron,

J'entends vanter dans les journaux et les livres les progrès constants de la science, et parler aussi de la démoralisation des hommes, exalter les choses modernes et calomnier le passé. Eh bien ! ce passé me semble de beaucoup préférable au présent, et je ne sais pas ce que gagne le paysan aux améliorations dont on se réjouit dans les villes. Je suis un campagnard vivant au milieu d'autres campagnards : né pauvre, je dois mourir pauvre ; le plus ou moins de liberté n'a rien à voir à cela ; je m'en rapporte à la parole de l'Évangile disant aux apôtres : « *Il y aura toujours des pauvres parmi* « *vous* », et je ne m'afflige pas d'une situation qui ne m'a rendu ni méchant ni envieux. Si tout progresse, comme on l'affirme, je désirerais apprendre de vous, Monsieur le baron, pourquoi les rouages administratifs marchent avec plus de lenteur que jamais et pourquoi les hommes chargés par le gouvernement de veiller à la prospérité du pays ne semblent pas même s'inquiéter des fléaux qui le ruinent. Je suis un paysan, Monsieur le baron, et je viens plaider devant vous la cause de mon cher clocher, cause perdue en dernier appel devant Monsieur le préfet du Morbihan. Vous n'ignorez pas, Monsieur le baron, que la forêt de la Nouée est remplie de sangliers dont la race se multiplie d'une façon effrayante. A chaque retour du printemps la moitié des laboureurs de ce pays voient leurs récoltes ravagées, leurs champs ruinés par les dévastations de cet ennemi des jeunes blés et des jardins. On voyait verdir des *journées* de terre ensemencées de froment, on supputait le gain de la moisson : pendant la nuit les sangliers arrivent et le lendemain tout est dévasté. Pour éloigner ces pillards, nous avons employé tous les moyens, et depuis quelque temps les hommes valides se fatiguent à force de veiller pour chasser ces sauvages et terribles bêtes. Notre seule ressource est de les effrayer en menant grand bruit, et en frappant sur des vases de cuivre pour les épouvanter. Les gars du pays ont essayé de protéger leurs fermes contre les dévastations quotidiennes; mais on se lasse de veiller quand on besogne rudement tout le jour.

Il y aurait un moyen de se défaire des sangliers, ce serait de les tuer. Au premier abord cela paraît fort simple, et cependant rien n'est plus compliqué dans la pratique.

On paie des primes à qui abat un loup : le sanglier, considéré comme bête de chasse et de grande chasse, a beau commettre toutes les déprédations et nous faire plus de mal que cent loups ensemble, nous n'avons pas le droit de le poursuivre.

Nous nous sommes adressés à Monsieur le préfet, afin d'obtenir l'autorisation de nous débarrasser de ces ravageurs de nos récoltes ; il nous a répondu que la chasse au sanglier était une magnifique chasse à *courre* ; qu'il fallait l'épieu et le couteau pour combattre cette rude et dangereuse bête, et qu'il verrait avec quelques-uns de ses amis à organiser quelque chose.

Depuis vingt ans le pays réclame ; les préfets se sont succédé sans que jamais l'un d'eux fît justice de notre réclamation plus vite et mieux que son prédécesseur. Chacun répond par une phrase administrative, et pendant ce temps nous sommes de plus en plus malheureux. Au temps jadis, dans ce passé calomnié, le paysan aurait dit au garde-chasse d'un seigneur : « Un sanglier a dévoré mon champ cette nuit », dès le lendemain le garde-chasse aurait battu le bois, découvert la bauge, et vite haut les trompes ! sonnez la fanfare, dételez les chiens ! On aurait vu passer au galop des chevaux, les gentilshommes intrépides, cherchant, suivant, attaquant la bête, l'épieu en main, le couteau aux dents, et au milieu des chiens éventrés, l'immonde sanglier fût tombé labourant le sol de ses défenses ensanglantées. On l'eût porté en triomphe au château, il y aurait eu gala dans la grande salle. Les seigneurs qui avaient bravement chevauché et combattu auraient sablé de grandes coupes de bon vin, c'est possible! mais le paysan aurait dormi en repos et se serait senti le cœur plein de reconnaissance pour ceux qui le débarrassaient de dangereux ennemis.

Je vous en conjure, Monsieur le baron, laissez dire, écrire et crier ceux qui n'ont jamais sur les lèvres que la ballade du *Chasseur noir*, détruisant au galop de ses chasses les récoltes des paysans, organisez ici des battues au sanglier, et vous nous sauverez de la ruine; ou du moins qu'il nous soit permis de tuer notre ennemi dans le champ qu'il ravage, comme on fait du voleur qui dérobe votre bien.

Je suis ici, Monsieur le baron, l'interprète de tous les pauvres gens des villages environnants, et je reste le plus humble et le plus obéissant de vos serviteurs.

LA LITANIE DES CHAMPS.

Étoiles du ciel, *bénissez le Seigneur!*
Pluie et Rosée, *bénissez le Seigneur!*
Vents et Tempêtes, *bénissez le Seigneur!*
Feux des étés, *bénissez le Seigneur!*
Froids des hivers, *bénissez le Seigneur!*
Montagnes et Collines, *bénissez le Seigneur!*
Herbes et Plantes, *bénissez le Seigneur!*
Sources et Fontaines, *bénissez le Seigneur!*
Poissons qui respirez sous les eaux, *bénissez le Seigneur!*

OISEAUX DU CIEL, *bénissez le Seigneur!*

ANIMAUX DOMESTIQUES ET SAUVAGES, *bénissez le Seigneur!*

ŒUVRES DE DIEU, *bénissez le Seigneur!*

Louez-le, exaltez-le dans tous les siècles (1)*!*

CANTIQUE DE LOUANGES DE SAINT FRANÇOIS.

Loué soit Dieu, mon Seigneur, ainsi que toutes les créatures, spécialement notre frère le SOLEIL, qui nous donne le jour et la lumière : il est beau et rayonne avec une grande splendeur ; il est votre image, ô mon Dieu !

Loué soit mon Dieu pour notre sœur la LUNE, et pour les ÉTOILES : il les a formées dans le ciel brillantes et belles.

Loué soit mon Dieu pour notre frère le VENT, pour l'AIR, soit nuageux, soit serein, pour tous les TEMPS par lesquels il donne la subsistance à toutes les créatures.

Loué soit mon Seigneur pour notre sœur l'EAU, qui est utile, humble, précieuse et chaste.

Loué soit mon Seigneur pour notre frère le FEU, par lequel il illumine les ténèbres et qui est beau, agréable, fort et puissant.

Loué soit mon Seigneur pour notre mère la TERRE, qui nous nourrit et nous soutient, qui produit les fruits, les fleurs diaprées et les herbes.

1. Daniel, IV.

LES HOTES DU SILLON.

LA CIGALE.

Pauvre petite cigale ! quelques mots d'un grand fabuliste ont fait d'elle le symbole de la paresse et de l'imprévoyance. Elle a chanté : la belle affaire ! Est-ce un honnête moyen d'existence pour un insecte qui se respecte? Tant pis, plus tard, si elle souffre du froid et de la famine ! Ne pouvait-elle travailler ? Non ! elle ne le pouvait pas, elle ne le savait pas. La cigale possède des ailes et un gosier d'or, voilà tout ! Peut-elle pomper le suc des fleurs et remplir ses pattes de cire? connaît-elle l'art de bâtir une tente de soie comme la chrysalide, ou de creuser des dédales sous la terre comme la fourmi? Dieu lui a dit : Chante; elle chante, et en le faisant elle obéit à sa vocation et remplit le but pour lequel elle fut créée. De ce qu'elle ne travaille point résulte-t-il qu'elle soit inutile? Non pas ! Que de fois le laboureur lassé s'est arrêté dans sa tâche, et, les bras appuyés sur son outil, est resté quelques instants immobile, charmé par le chant de la cigale : « Travaille, dit-elle ; travaille et retourne le sol, les épis se gonflent, les greniers seront pleins ! Travaille ; le temps est beau, la pluie, le vent et la grêle ont ménagé ton héritage, les enfants ne crieront pas famine cet hiver ! Travaille, paysan, la cloche sonne midi dans le clocher, nous faisons notre fanfare dans le sillon, et notre frère noir, le petit grillon, te dira cet hiver les mêmes choses que nous : Travaille ! aime et prie ! »

La fable affirmait que jadis l'art du chant ayant été apporté aux hommes par Apollon, les habitants d'une bourgade trouvèrent tant de joie à redire les airs qu'ils venaient d'entendre, qu'ils moururent d'épuisement à force de chanter. Les Athéniens avaient pour la cigale une préférence approchant du culte : les jeunes hommes portaient des cigales d'or dans leur chevelure. Et j'ai copié dans le livre d'un poëte qui aimait les roses et les colombes ce poëme plein de grâce et de simplicité : « Que je te trouve heureuse, petite cigale ! à peine sur la cime d'un arbre t'es-tu désaltérée de quelques gouttes de rosée, tu chantes; le monde t'appartient ! Ils sont à toi les trésors que tu vois dans les champs, tous ceux que font naître les heures rapides. Amie des laboureurs, à qui as-tu jamais causé le moindre dommage? Les hommes te saluent comme l'avant-courrière des beaux jours. Tu es aimée des Muses, aimée d'Apollon. Quel autre que lui te donna cette voix harmonieuse? Sage fille de la terre, tu mets tout ton bonheur à chanter; tu ne crains aucune maladie. Exempte de chair et de sang, ta nature est semblable à celle des dieux. »

Anacréon a loué la cigale dans ses vers; mais les saints ne l'ont pas négligée; saint François, qu'il faut toujours citer quand on s'occupe de la nature et de ceux qui l'ont aimée, n'oublia pas les cigales et ne dédaigna point d'en apprivoiser. Dans un figuier de Notre-Dame des Anges, une d'elles s'était fixée, et son chant encourageait les religieux à célébrer les louanges du Seigneur, en même temps qu'il leur procurait une distraction innocente. Un jour, tandis que François d'Assise, frère Pacifique et un groupe de moines se promenaient dans le jardin, la cigale se mit à chanter ; François d'Assise l'appela, elle vint se poser sur sa main. Il lui commanda de louer le Seigneur : elle chanta jusqu'à ce que le saint lui eut ordonné de retourner à sa première place. A partir de cette époque elle descendait chaque jour à pareille heure se poser sur la main du Bienheureux ; celui-ci la caressait, l'invitait à chanter, lui rendait la liberté. Un jour il dit à ses frères : « Depuis longtemps cette cigale nous réjouit et nous convie à la prière ; qu'elle aille remplir ailleurs sa douce mission. » « Alors, ajoute frère Pacifique, la cigale s'envola et on ne la revit plus... »

Aimez-la cette verte chanteuse des fougères, cette musicienne du pauvre. L'épervier la détruit et la chasse ; que la main de l'enfant ne lui soit jamais cruelle. La cigale possède une voix comme l'oiseau, des ailes de gaze comme la svelte demoiselle, elle est gracieuse et charmante ; si par caprice vous la faites jamais captive, imitez François d'Assise, rendez-lui vite la liberté après l'avoir entendue.

LEGENDE.

LE CIBOIRE DE CIRE.

Une nuit des voleurs pénétrèrent dans une église de village, profanèrent le tabernacle, en dérobèrent le ciboire d'or, puis s'éloignèrent chargés de leur sacrilége butin. Dans le premier moment ils ne s'aperçurent pas qu'une hostie était demeurée au fond du vase sacré ; ils la virent tandis qu'ils traversaient un champ et, croyant la dérober à jamais aux regards des hommes, ils la jetèrent dans une ruche et s'enfuirent.

Au matin le maître du rucher visitant ses avettes demeura surpris de ne point voir comme d'ordinaire ses butineuses au travail. Pas une abeille sur les fleurs, pas une abeille sur les arbres! Mais ce qui le surprit bien davantage, ce fut d'entendre sortir de l'une des maisons d'avettes un bourdonnement d'une telle harmonie que l'on eût dit les cantiques mystérieux des anges.

L'admiration fit place à la surprise dans le cœur du pauvre homme; une curiosité ardente l'empêchant de dormir, il se leva au milieu de la nuit afin de savoir si le concert avait pris fin avec le jour. Prodige sur prodige! Le courtil embaumait de parfums inconnus, et au milieu de l'obscurité du ciel et de la terre, rayonnait lumineuse et tout en flammes, la ruche que les abeilles n'avaient point abandonnée.

Le laboureur, éperdu à la vue de ce miracle, court au presbytère, réveille le prêtre et le supplie de le suivre. D'abord le recteur croit à quelque illusion du pauvre homme; mais, vaincu par ses instances, il marche avec lui jusqu'au jardin : la ruche brillait toujours, et toujours y résonnait la symphonie des abeilles.

Le prêtre s'agenouille, ouvre la ruche, et pénétré d'admiration et de joie, paraît plongé dans l'extase. Il voyait l'hostie rayonnante, l'hostie jetée là par dédain, s'élever à demi au-dessus d'un ciboire de cire formé par les avettes. Ni le prêtre ni le laboureur ne quittèrent le courtil cette nuit-là. Le bruit du prodige se répandit vite dans le village, et au milieu d'une foule immense, le prêtre enleva de la ruche le ciboire de cire et le transporta dans le tabernacle. Les abeilles avaient suivi le cortége, et durant la pieuse cérémonie l'essaim chanta, mêlant sa voix à celle des fidèles. Et pour que ce miracle portât des fruits non-seulement salutaires à l'âme, mais encore profitables aux affligés, deux aveugles sentirent tomber de leurs yeux le voile qui leur cachait la lumière et virent au-dessus de ce ciboire de cire planer l'hostie sauvée, au milieu de l'essaim d'abeilles.

FEUILLETON.

LE CASSEUR DE PIERRES JAPONAIS.

Conte écrit sous la dictée de l'Homme à la Peau-de-Bique.

Il y avait jadis un homme qui cassait des pierres ; son travail était long et rude, son gain modique, et cet homme n'était pas content.

Il soupirait et s'écriait :

« Que ne suis-je riche ! Je me reposerais dans un lit garni de tentures de soie rouge. »

Un Génie descendit du ciel et dit au casseur de pierres :

« Qu'il soit fait suivant ton désir ! »

Le casseur de pierres se trouva riche, et il se reposait dans un lit garni de rideaux de soie rouge.

Le roi du pays vint à passer sur son char ; en avant, en arrière couraient des cavaliers. Au-dessus de la tête du souverain on soutenait un dais de drap d'or, et quand l'homme riche vit cela, il fut humilié que l'on ne tint pas un dais au-dessus de sa tête.

Il soupirait et s'écriait :

« Je voudrais être roi. »

Un Génie descendit du ciel et répondit :

« Qu'il soit fait suivant ton désir ! »

Et le casseur de pierres devint roi.

Au-devant et en arrière de son char couraient des cavaliers, et les courtisans soutenaient un dais de drap d'or au-dessus de sa tête.

Un ardent soleil dardait ses rayons et brûlait sa tête ; l'herbe se trouvait desséchée ; et le roi se plaignit que le soleil lui brûlât le visage. Il trouvait à l'astre du jour une puissance supérieure à la sienne, et il n'était pas content.

Il soupirait et s'écriait :

« Je voudrais être le soleil. »

Un Génie descendit du ciel et répondit :

« Qu'il soit fait suivant ton désir ! »

Le casseur de pierres devint le soleil.

Il dardait ses rayons à droite, à gauche, en avant, en arrière, en bas, en haut : partout il desséchait l'herbe et brûlait le visage des rois.

Un nuage se plaça entre la terre et lui et les rayons de l'astre d'or ne purent transpercer le nuage.

Et le soleil s'irrita de voir une opposition à sa puissance, et il se plaignit en voyant le nuage plus fort que lui-même.

Il n'était pas content.

Et il se plaignait et disait :

« Je voudrais être ce nuage ! »

Un Génie descendit du ciel et lui dit :

« Qu'il soit fait suivant ton désir ! »

Et il fut changé en nuage, et il se plaça entre la terre et le ciel.

Il interceptait les rayons du soleil, et grâce à lui l'herbe restait verte.

Mais la pluie tomba, le nuage fondit et se répandit en larges gouttes sur la terre; il fit gonfler les rivières dont les débordements entraînèrent les troupeaux.

Les torrents dévastèrent les prairies, le nuage changé en eau s'abattit sur une roche qu'il ne réussit pas à ébranler; et le torrent mugit sans que la masse gigantesque de granit parût s'apercevoir de l'orage.

Le nuage s'irrita de la résistance de la roche et de l'impuissance du torrent.

Et le nuage, mécontent, s'écria :

« Je voudrais être ce rocher ! »

Un Génie descendit du ciel et lui dit :

« Qu'il soit fait suivant ton désir ! »

Et il devint rocher abrupte, inébranlable; le soleil ne l'entamait pas, la pluie le laissait insensible.

Et il vint un homme portant un pic sur l'épaule : cet homme voulait briser la roche.

Et le rocher pensa :

« Que signifie ceci ? Un homme est plus puissant que moi ! Il peut broyer mes entrailles de pierre ! »

Il n'était pas content et il s'écria :

« Je suis plus faible que cet homme, et je voudrais être à sa place ! »

Et il redevint casseur de pierres, travaillant rudement pour un faible gain; et il s'estimait content.

FÊTE DU LABOURAGE EN CHINE.

L'agriculture est le premier des arts chez les Chinois.

Vers le milieu du printemps, l'empereur conduit solennellement une charrue et ouvre quelques sillons. Il se prépare à cette cérémonie par trois jours de jeûne et d'abstinence. Cinquante laboureurs respectables par leurs mœurs et leur âge doivent être présents au travail de l'empereur. Quarante jeunes paysans préparent les instruments aratoires. On choisit quatre ou cinq sortes de grains représentant tous les autres ; l'empereur, revêtu d'habits somptueux, se rend avec toute sa cour au lieu assigné ; il offre un sacrifice pour la conservation et l'abondance des biens de la terre ; après quoi l'empereur saisit la charrue et trace quelques sillons ; les princes, puis les officiers qui l'accompagnent, l'imitent. L'empereur doit ensuite semer les différentes espèces de graines. Le lendemain les paysans, jeunes et vieux, qui suivaient l'empereur, labourent le reste du champ, et le monarque termine la fête en leur distribuant de riches présents. Vers le temps de la moisson, un des premiers officiers de la cour visite le champ, et s'il trouve une tige portant treize épis, il en avertit son maître, qui regarde cette découverte comme un heureux augure. Tout le grain de ce champ privilégié est recueilli dans des sacs jaunes et renfermé dans un magasin spécial. Il sert dans de grandes solennités, et l'empereur l'offre en sacrifice comme le fruit de son travail. On fait si grand cas de la culture des terres en Chine, que ceux qui se distinguent dans cet art sont élevés au mandarinat.

BÉNÉDICTION DES SEMENCES.

J'ai l'autre jour assisté à une cérémonie qui m'a laissé le cœur profondément attendri. Il n'est pas bon que l'homme vive seul, a dit l'Apôtre ; non, l'homme ne saurait vivre seul, il doit vivre près de Dieu, à toute heure et partout ; respirer en lui, pour ainsi dire faire de sa foi l'aliment de son âme, et si bien l'associer à tous les actes de son existence qu'il ne puisse agir et penser sans Dieu. Le grain de blé germe-t-il sans sa permission ? La couvée grandit-elle s'il ne la protége ? Le bonheur de l'homme fleurira-t-il si Dieu ne le réchauffe à son soleil d'amour ?

Si l'on oublie le Seigneur dans les ruchers de pierres que l'on appelle les villes, cela se peut, hélas ! et, il faut l'avouer, cela est ! Mais aux champs ? c'est impossible. Le Christ aimait trop ces champs et les travaux de la terre pour que les laboureurs cessent de l'invoquer. Ne savent-ils pas que le Sauveur prêchait du haut des montagnes ? qu'il prenait pour sujet de ses paraboles le figuier, le lierre, la semence, le grain de senevé ? A qui parlait-il ? Aux propriétaires et aux ouvriers de la vigne ; au père de famille qui possédait un champ ; à la pauvre veuve gardant une drachme unique. Le Dieu né dans une étable et qui prit un onagre pour monture le jour de son triomphe, le Dieu qui convoqua les bergers avant les Mages autour de son berceau, ne pouvait qu'aimer les champs.

Dans l'ancienne loi il en exigeait la dîme; aujourd'hui il se contente que nous le priions de les bénir. L'Église, toujours prévoyante et maternelle, redoutant que ses fils oublient l'Auteur de tout bien, a désigné dans l'année le jour destiné à supplier le Seigneur de centupler les fruits de la terre. Elle fait dérouler le long des chemins fleuris la procession des Rogations, et, la croix d'argent en tête du cortége, les laboureurs vont demander à Dieu d'éloigner la grêle et le vent de la moisson verdissante.

Une petite ville, notre voisine, fait mieux encore. Elle appelle sur chacune des récoltes, dont elle fait la source de sa fortune, une bénédiction spéciale, et plusieurs fois dans l'année on convoque les laboureurs à la fête de la *Bénédiction des semences*.

Ces jours-là, chaque fermier renferme dans un sac la graine destinée à être présentée à l'autel, il entend pieusement la messe, et l'*Ite Missa est* prononcé, il s'approche du chœur, et le prêtre bénit la graine. Le paysan mêlera plus tard le contenu du sac à la quantité nécessaire à l'ensemencement de ses champs, et, plein d'une pieuse confiance, il la jettera dans le sillon nouvellement creusé par la charrue.

Le 1er mars on bénit à Saint-Jugan de la Gacilly les graines de lin et de chanvre; le jour des Rogations le blé noir, et, pendant la première semaine de novembre, la semence des seigles.

Cette coutume chrétienne et touchante, pourquoi les

laboureurs de la Gréée ne l'adopteraient-ils pas? qu'ils ne craignent point de trop rapprocher d'eux le Dieu qu'ils doivent rejoindre un jour!

LE GEAI BLEU.

Ne faites jamais prisonnier le geai au cri strident partant comme une flèche de son nid caché dans les branches du chêne, laissez-le déployer librement ses ailes rayées de noir et d'azur.

Et si vous allez à Guégon après la fête de la Saint-Pierre, pour louer à l'assemblée de jeunes gars et de petites pastoures, ne prenez jamais pour serviteur ou pour servante l'enfant cruel qui ne craint pas de ravir le petit oiseau au nid paternel.

On vous dira : « C'est l'usage! à Guégon ; la *foire aux geais* est la plus belle de l'année, et le garçon qui s'est montré le plus habile dénicheur excite l'envie de ses camarades. » On ne voit pas un enfant qui ne porte sur son poing un jeune geai dont la terreur ébouriffe les petites plumes, et qui cherche à rentrer dans son dos voûté son cou et sa tête à peine duvetés. Qui blesse l'oiseau peut blesser l'homme!

L'humanité est une vaste échelle : qui franchit un degré de cruauté peut les parcourir tous. L'enfant, méchant pour l'insecte et l'oiseau, deviendra dur pour son chien et les moutons; quand il tiendra l'aiguillon, il ensanglantera les flancs de son bœuf, et s'il monte sur un cheval, il lui déchirera la bouche avec le mors.

Il y a quelque temps, un gars monta sur un pommier

et dénicha un jeune geai pendant que le père et la mère cherchaient leur nourriture. L'oiselet enfermé dans une cage, et la cage accrochée à la muraille, le voleur d'oiseaux se réjouissait et disait : « J'apprendrai à parler à mon geai bleu de pommier, car ceux-là ont la langue plus déliée que les geais de chêne! »

Le père et la mère, ne trouvant pas leur petit dans le nid, crient de regret, volant, cherchant, pleurant à leur manière d'oiseaux, et maudissant le méchant qui a dérobé la couvée. A force d'aller, de venir, brisant leur voix, cassant leurs ailes, le père et la mère découvrirent la prison d'osier dans laquelle, farouche, debout sur une seule patte et refusant tout aliment, leur petit les regrettait comme ils le regrettaient.

Pauvres oiseaux ! C'était pitié de les voir essayer d'arracher les barreaux ; en le tentant, ils brisaient leurs ongles et faisaient saigner leurs pattes roses ; le petit les secondait selon ses forces ! Hélas ! tout fut inutile ! quand l'homme bâtit une prison, que peut l'oiseau pour la détruire ?

Durant deux jours, l'espoir de délivrer le petit geai soutint le père et la mère. Quand ils comprirent l'inutilité de leurs tentatives, quand ils virent bien perdu celui qu'ils avaient couvé avec tant de patience et nourri avec tant d'amour, ils se dirent que mieux valait le voir mort que captif de ces bourreaux qui s'appellent des enfants ! Ils choisirent dans les buissons des graines vénéneuses, et empoisonnèrent le captif par excès de regret et de tendresse.

Ne faites jamais prisonnier le geai au cri strident, aux

ailes rayées de noir et d'azur. C'est votre ami, laboureurs, et aussi votre aide ! Quand vous abattez sur le grand fossé ce chêne dont vous tirerez bon profit à la ville, et dont les racines vous chaufferont pendant l'hiver, qui replante les chênes en ayant soin d'enfoncer le gland du côté du midi, pour que l'arbre réchauffé pousse plus vite ?

Aimez l'oiseau, protégez l'insecte ! admirez, en les défendant, les créatures que Dieu vous donne pour votre plaisir et votre utilité, et si votre enfant torture un être doué de vie, reprenez-le vite, dans la crainte que la cruauté, grandissant dans son cœur, ne vienne à l'endurcir.

Volez librement dans les pommiers et les chênes, geais babilleurs et jaseurs; traversez nos landes immenses et réjouissez notre vue; les petits gars de Guégon ne vous feront plus captifs.

FLEUR DU PANIER.
CONSEILS.

— Remets la mouche de feu où tu l'as prise.
(*Précepte indien.*)

— Vous ne cuirez point un chevreau dans le lait de sa mère.

— Si en marchant sur un chemin vous trouvez sur un arbre ou à terre le nid d'un oiseau et la mère couchée sur ses œufs, vous ne retiendrez pas la mère avec ses petits; mais, ayant pris les petits, vous laisserez aller la mère, afin que vous soyez heureux et que vous viviez longtemps.
(*Livres saints.*)

— Soyez miséricordieux à l'imitation des grues. Lorsqu'une bande de ces oiseaux se met en voyage pour une longue course, il y en a toujours un qui, s'élevant plus haut que les autres, dirige la troupe et l'excite des ailes et de la voix. Quand son cri devient rauque par excès de fatigue, un autre va prendre sa place d'observation; enfin, si tous sont fatigués, ils s'entr'aident et se soutiennent mutuellement. Campées sur la terre, ces grues ne sont pas moins charitables les unes pour les autres; elles se partagent les veilles de la nuit, et au moindre danger, celle qui est de garde pousse un cri d'alarme. Soyons donc miséricordieux comme les grues : plaçons-nous bien haut dans la vie; soyons prévoyants pour nous et pour les autres; montrons la route à ceux qui l'ignorent; corrigeons les tièdes et les lâches; succédons-nous alternativement dans le travail; portons les faibles et les malades qui tombent sur le chemin; employons les veilles à la prière, repassons dans notre esprit l'humilité, la pauvreté, les souffrances du Sauveur.

(*Fioretti.*)

— L'œuvre la plus méritoire est de bien labourer son champ. (*Lois du second Zoroastre.*)

— Que l'homme soit laboureur ou guerrier.

(*Lois de Rome.*)

— Suis la profession de ton père.

(*Lois égyptiennes.*)

— Obéissez à vos parents, respectez les vieillards et vos souverains; vivez dans l'union, et ne commettez point d'injustice.

(*Cri des veilleurs de nuit à Péking.*)

VI

ÉPHÉMÈRE.

Le jeune ménage jouissait d'un calme apparent; mais combien de sourdes douleurs, d'angoisses et de tristesse se cachaient sous cette tranquillité de la surface! Certes la discorde ne séparait pas Zacharie de sa femme; mais Tiphaine, qui haïssait sa bru, ne manquait jamais, dans les rares paroles qu'elle adressait à son fils, de lancer une observation malicieuse, de décocher une méchanceté. Toute âme humaine, même la meilleure, a ses faiblesses et connaît les heures de doute. L'aimable gaieté d'Angélus, souvent plus affectée que réelle, devenait pour Tiphaine de l'indifférence; l'accueil hospitalier fait à chacun entraînait de grosses dépenses... Elle élevait mal ses enfants et les gâtait outre mesure. D'abord Zacharie ne prêta nulle attention à ces insinuations perfides, mais la parole répétée finit par pénétrer dans l'esprit comme le coup de maillet enfonce le coin dans l'arbre. Le pauvre maître d'école, bien qu'il connût assez les défauts de sa mère et se fût dit parfois qu'elle tenterait de semer la zizanie entre lui et sa femme, en vint à se demander s'il n'y avait pas quelque chose de fondé dans les remarques de Tiphaine : l'argent fondait comme la neige au soleil ! La table était toujours servie pour qui venait s'asseoir au foyer. Des réformes de ce côté devenaient indispensables si l'on voulait éviter la ruine. Zacharie ne se disait point que deux enfants et une vieille femme malade coûtent cher; il oubliait que la rédaction de la *Gazette du village* lui prenait au moins deux heures chaque matin, et que jadis il employait ce temps à des travaux de menuiserie rapportant quelques bénéfices. Certes, s'il avait offert à Angélus de cesser de s'occuper de ce labeur intelligent dans lequel il puisait un calme salutaire et qui retrempait son âme aux sources du bien, elle n'y eût jamais consenti. Tout ce qui concourait au bonheur de Zacharie lui était trop cher pour qu'au prix de toutes les privations elle ne le priât pas de continuer une œuvre que, comme lui, elle jugeait utile à tous. Seulement la ménagère savait ce que la *Gazette* coûtait à son ménage.

La pauvre Angélus fut donc doublement sensible aux reproches, indirects d'abord, puis fortement accusés, de son mari. Cependant, elle ne rejeta point sur lui cette injustice; elle ne se trompa point sur la main qui lui portait ce coup cruel. Une autre se serait révoltée contre l'ingratitude de Tiphaine, car, selon sa promesse, Angélus se montrait parfaite pour elle; mais la fille de Guéméné gardait en partage une de ces persévérantes douceurs qui sont la force de certains êtres. Elle se dit que cet orage intérieur passerait comme s'éloignent, après avoir fait rage, la pluie, le tonnerre et la foudre. Elle ne se montra ni moins sereine et moins affectueuse avec Zacharie, ni moins attentive avec Tiphaine.

Ces troubles intimes ne furent pas, hélas! la seule épreuve qui frappa le jeune ménage. Tiphaine, dont la santé était délabrée depuis de longues années, tomba sérieusement malade. Zacharie voulait appeler un médecin; elle s'y opposa, et, autant par l'habitude qu'elle avait d'entretenir des relations avec la Limace que pour attrister Angélus et Zacharie en les obligeant à supporter cette horrible mégère, elle exigea que la Limace lui composât des onguents et lui fît bouillir des herbes. Mais il fallait cueillir les herbes fort loin à certaines heures nocturnes, dans de certaines conditions atmosphériques, et puis les onguents demandaient, pour être efficaces, le sang d'un jeune coq, de l'argent fondu, une cervelle de vipère et de la graisse de mort. On comprend la cherté de tels remèdes. La Limace abusait de la crédulité et de la méchanceté de Tiphaine. Les derniers écus de Zacharie s'en allèrent à payer les drogues et l'état de Tiphaine continua d'empirer.

Cette créature qui avait vécu dans une salle humide, mal vêtue, mal nourrie, fut bientôt prise de douleurs intolérables dans tous les membres; puis ses facultés s'oblitérèrent lentement, et l'idiotie non pas absolue, mais intermittente, dévasta son faible cerveau. Elle eut au lieu de langage des cris inarticulés, des plaintes, auxquels succédaient des éclats ressemblant à des accès de folie furieuse. Enfin une épouvantable crise, pendant laquelle on crut qu'elle allait mourir et dont la sauva le médecin par un secours énergique, lui rendit une part seulement de l'existence. Elle demeura presque complétement paralysée. Un côté de sa face et de son corps fut frappé d'impuissance et privé de mouvement d'une façon absolue. Tiphaine fut une moitié d'être vivant liée à un cadavre rigide.

Ce coup imprévu atterra Zacharie. Il s'abandonna pendant deux jours à une sorte de désespoir. Il n'embrassait plus ses enfants et n'adressait guère la parole à sa femme. Angélus souffrait une cruelle passion au fond du cœur; mais elle resta digne d'elle-même. Zacharie le lui avait dit un jour dans une heure d'expansion, elle n'était pas seulement son amour et sa vie, elle était encore sa conscience et la conscience ne peut mentir! Angélus, après le court repas de midi pendant lequel Zacharie, plus morne que jamais, avait continuellement regardé son assiette, prit tranquillement le bras de son mari et l'emmena presque malgré lui dans le courtil, où elle le fit asseoir sur le banc de pierre.

« L'épreuve est dure, dit-elle en lui prenant les mains : nous n'étions pas riches ; nous sommes pauvres... Deux petits enfants et une valétudinaire sur les bras, lourde charge, mon cher Zacharie ! Mais nous ne pouvons cependant mettre ta mère à l'hospice, son exil de cette maison crierait contre nous! et si nous la devons garder, pourquoi lui faire payer en quelque sorte l'hospitalité filiale ? Tu t'es éloigné de moi dans les jours de souci ; c'était l'heure de te rapprocher... Tu as couvé des rancunes dans ton cœur au lieu de me parler amicalement... Ai-je démérité en quelque chose ? T'aimai-je moins ? Cesses-tu de me chérir ? Le serment fait à l'église n'est-il plus ratifié dans ton âme ? et ton amour s'en est-il allé avec notre bonheur?

— Notre bonheur ! répéta machinalement Zacharie.

— Ah ! je sens bien, là, dans le fond de mon cœur, que ma tendresse est de plus en plus vive et sainte. Chaque épreuve me semble un anneau de chaîne nous liant l'un à l'autre à jamais ! Je ne veux pas savoir si quelqu'un a mal jugé ma façon de penser et d'agir, je ne veux jamais croire que tu aurais prêté l'oreille à une parole offensante pour ta femme...; mais ta froideur m'oppresse, m'étouffe, me tue... Dis-moi franchement quels défauts tu me reproches, je m'en corrigerai; apprends-moi ce qui t'a déplu dans ma conduite, et d'avance je t'en demande pardon... »

Angélus leva les yeux vers son mari; elle vit son visage bouleversé, ses paupières humides, et posant sa tête sur son épaule, elle-même pleura.

Oui, tous deux pleurèrent, lui d'avoir pu la méconnaître encore, elle de trouver enfin la récompense de sa patiente douceur. De temps en temps, ils se pressaient les mains en silence et à mesure que coulaient leurs larmes, leurs poitrines se dégonflaient, le calme redescendait dans leur esprit, et l'espérance renaissait en eux.

Quand Zacharie se leva, tenant sa femme sur sa poitrine, il lui dit avec énergie :

« Le malheur peut venir maintenant, je serai fort.

— Nous serons résignés, » dit Angélus.

En ce moment un cri rauque parvint jusqu'à eux, avec un sanglot d'Antoine.

Le père et la mère se précipitèrent dans la salle, et

demeurèrent pleins de surprise et d'effroi, en voyant Tiphaine cramponnée au dossier de son fauteuil, multiplier de vains efforts pour atteindre un objet placé sur la cheminée. Angélus lui en présenta vainement plusieurs, l'angoisse de la paralysée grandissait en ne se voyant pas comprise ; enfin la jeune femme lui tendit une fiole renfermant une potion calmante, et les yeux de Tiphaine brillèrent : elle tenait ce qu'elle voulait. Avec une peine inouïe, elle s'approcha du berceau de Marie-Patience, et Zacharie vit avec stupéfaction que le visage de l'enfant paraissait convulsé. Tiphaine, s'en étant aperçue pendant son absence, avait essayé d'apporter quelque soulagement à la petite fille.

Zacharie fit boire une cuillerée de la potion à l'enfant et Angélus la prit dans ses bras en disant :

« Voilà la seconde fois que je lui vois un spasme semblable, nous consulterons le docteur, Zacharie. »

Le soir même le médecin entra dans la maison d'école, où sa présence était devenue doublement indispensable. Le violent effort fait par Tiphaine augmenta de beaucoup son mal ; elle fut le soir en proie à une terrible crise, et deux jours après il ne restait plus guère de vivant dans le corps rigide étendu sur le grand lit que les yeux gris de la Tiphaine. Aucun mouvement des mains ne lui était plus possible, et, ses jambes lui refusant tout service, elle était condamnée à l'immobilité de la mort.

Si cette aggravation de chagrin fût arrivée avant la tendre et muette réconciliation de Zacharie et de sa femme, peut-être le maître d'école aurait-il mal supporté le fardeau qui tombait sur ses épaules; mais Angélus était là, debout et vaillante, allant du lit de la vieille femme au berceau de l'enfant, redevenue souriante.

L'abbé Kervot vint voir le jeune ménage. Quand il apprit que, pour la première fois, Tiphaine avait donné un signe de sensibilité, il se contenta de dire :

« La goutte d'eau creuse le rocher; le feu jaillit de la pierre, et les larmes tombent des yeux desséchés ! »

Certes, le travail journalier de la maison devient lourd pour Angélus; n'importe ! elle va, range, gouverne avec un mot, un sourire. Antoine essaie de l'aider déjà, et s'il n'est utile à rien, il l'encourage en la suivant pas à pas d'une chambre à l'autre, car Antoine aime passionnément sa mère et se montre jaloux des témoignages de sa tendresse.

Angélus, en dépit d'elle-même, ressent pour Marie-Patience une sorte de préférence. La petite fille est si jolie, ses grands yeux bleus sont si profonds et si doux que sa mère la contemplerait pendant de longues heures, si le soin de sa maison ne la réclamait. Zacharie se défend à peine d'une impression semblable. Antoine rôde sans cesse autour du berceau, et quand le père et la mère déposent un baiser sur le front de Marie-Patience, le petit se dresse sur ses pieds et tend son visage en disant :

« Et moi ? »

Quelquefois, voyant sa fille si belle d'une beauté rayonnante, surnaturelle, et gardant un reflet d'en haut, Zacharie se demande si elle est destinée à vivre. Les êtres qui doivent passer peu de jours sur la terre naissent avec le sceau de la mort sur le front. Il faut se hâter de les admirer, de les aimer. Blancs oiseaux, ils se posent près de nous pour s'envoler vite vers les demeures où nos regrets ne nous obtiennent pas de les suivre.

Cependant l'hiver entier se passa. Marie-Patience ouvrait de plus en plus grands ses yeux bleus, et ses gestes mignons de caresses et de grâce enchantaient Zacharie et sa femme, qui, pour réjouir un peu la valétudinaire, tenaient souvent près d'elle la petite fille dans leurs bras.

Mais un jour Marie-Patience fut reprise d'un de ces spasmes qui avaient effrayé Tiphaine. Ses traits se contractèrent, ses bras se tordirent, elle resta inanimée sur les genoux de sa mère au désespoir.

Zacharie courut à Josselin chercher le docteur. En voyant la petite fille, il hocha la tête :

« Je vais écrire une ordonnance, dit-il ; mais je ne puis répondre de votre enfant...

— Qu'a-t-elle donc ? demanda Angélus.

— Des convulsions, » dit le docteur en baissant la voix.

Cependant le corps glacé se ranima dans les bras de la mère épouvantée, les membres se détendirent, le sang remonta au visage, les yeux se rouvrirent, ces grands yeux bleus qui faisaient la joie d'Angélus. A partir de cet accès, la mère ne goûta plus un seul moment de repos. Tout lui devint indifférent hors sa fille. Zacharie ne s'en étonnait pas, ne s'en plaignait pas. N'était-il pas naturel que cette dernière venue fût la plus choyée ?

La paralytique, à qui la parole était retirée, avait entendu l'arrêt du médecin, et le regard qu'alors elle jeta sur Angélus fut tel que la jeune femme rapprocha le berceau du lit de Tiphaine. Et à quelque heure que l'on vînt près de l'enfant, on put voir les yeux gris brillants de l'aïeule fixés sur le petit être avec une anxiété terrible.

Une nuit Angélus s'éveilla au cri de sa fille. Zacharie et sa femme furent debout en un instant.

Hélas! les mêmes symptômes de cet horrible mal contre lequel restent impuissantes la science et les mères se reproduisirent avec un redoublement de force. C'était au commencement du printemps, les nuits étaient froides. On alluma le feu; la mère serrait sur son sein le corps immobile, essayant de le réchauffer sous ses baisers ardents. Ni la flamme du foyer ni les brûlantes caresses ne purent le ranimer.

Les époux ne se parlaient pas; tous deux penchés sur leur fille regardaient front contre front, les cœurs pénétrés d'une même angoisse.

« Oh! s'écrie enfin Angélus, les hommes sont impuissants; nous sommes de pauvres créatures, mais le Seigneur est le maître de la vie et de la mort. Il peut nous laisser notre enfant, la guérir; il pourrait même la ressusciter si elle était morte. Oh! prions, Zacharie, prions. Moi je ne pourrais pas parler à Dieu à cette heure, je ne sais que pleurer, mais je m'unirai du cœur à tes paroles et Dieu comprend toujours les mères, lui qui vit pleurer la sienne! »

Le maître d'école prit sur le dressoir son livre

d'Heures et l'ouvrit. Il commença à lire des prières. Angélus l'interrompit vivement.

« Je t'ai prié de parler à Dieu et de lui parler de notre enfant; ferme le livre, il me semble que le Seigneur entendra mieux si tu fais déborder ton cœur. »

Le pauvre Zacharie ferma le livre, et au milieu de ses larmes il répéta :

« Laissez-nous cette enfant! Vous avez assez d'anges au ciel, et nous tenons à cette petite créature autant qu'à notre vie! Laissez-la nous, elle apprendra à vous servir, à vous honorer, à vous aimer. Laissez-la nous, mon Dieu! si jamais nous avons mérité une récompense de votre bonté céleste pour le bien que nous avons essayé de faire! Vous avez dit : Priez et il vous sera accordé; nous prions, nous prions, et votre parole invoquée par nous ne le sera pas en vain. Notre fille, Seigneur! gardez-nous notre fille! »

Un mouvement de l'enfant donna un rayon d'espoir aux parents éperdus; mais soudain tout le petit corps fut agité par un frisson; un soupir, moins qu'un soupir, un souffle passa entre les lèvres bleues, et ce fut tout...

L'âme venait de s'envoler, Angélus pressait dans ses bras un cadavre.

Elle le comprit, avec son instinct de mère. Le visage de Marie-Patience reprit sa sérénité, le calme de la mort apaisa les traits torturés par l'agonie. Angélus se leva affolée, porta le cadavre sur son lit, et tomba à genoux, le front sur les couvertures, les mains cramponnées au corps de l'enfant.

Zacharie restait debout, anéanti par la douleur.

La lueur de la résine vacilla, puis s'éteignit.

Dans cette vaste chambre l'on n'entendit d'autre bruit que des sanglots. Angélus parlait à l'enfant morte, ou bien, s'adressant à Dieu, lui reprochait de ne point l'avoir exaucée, et faisait appel à la vérité de ses promesses. Son désespoir atteignait la folie, car il arrivait presque au blasphème. Son malheureux mari tenta de l'apaiser ; elle lui répondit qu'il n'aimait pas leur fille autant qu'elle-même, puisqu'il souffrait moins de sa perte.

Elle cessa de se plaindre, et l'engourdissement de la douleur la saisit comme aurait fait la mort.

Alors elle eut un songe.

Elle crut rouler dans un abîme de désespoir sans fond. Les ténèbres environnaient son âme, des brouillards enveloppaient son corps. Son être se perdait dans une sorte de néant, et il lui sembla que, tombée dans un gouffre, elle sentait passer sur elle les vagues amères d'un océan de larmes…

Tout à coup, dans cette nuit opaque, palpable en quelque sorte, on distingua une sorte d'éclaircie : à peine le crépuscule du matin succédant aux épaisses ténèbres ; la teinte grisâtre se teinta légèrement, comme l'eau transparente reflétant le ciel : ce n'était pas l'azur encore, mais c'était déjà la lumière…

Et au centre de cette lumière brilla une clarté blanche, rayonnante, qui lentement s'approcha comme ferait une étoile descendant vers la terre. Si la transparence peut avoir une forme, si la lumière peut devenir un corps,

Angélus vit, oui, vit de ses yeux de mère au désespoir et de chrétienne aux abois une figure connue se dégager de cette lumière, ou plutôt l'absorber ; elle vit s'étendre deux mains diaphanes marquées d'une large tache rouge à la paume ; une robe de pourpre descendit sur deux pieds saignants, et la vision s'approcha, s'approcha jusqu'à effleurer l'enfant morte.

Soudain la lumière de l'apparition surnaturelle se refléta sur le petit visage glacé ; un doigt divin rendit l'étincelle au regard, le sourire aux lèvres, et l'enfant tendit les bras.

Angélus crut qu'elle pouvait la serrer sur sa poitrine ; mais l'enfant regardait la vision et ne voyait plus sa mère.

« Reste ! reste ! » criait Angélus dans les palpitations de son cœur brisé.

L'enfant se souleva ; la vision céleste le prit et l'appuya sur son cœur.

Angélus voulut se plaindre, se révolter ; mais le regard de l'ange bercé dans les bras du Christ lui répandit dans l'âme un apaisement soudain. Elle entendit une voix murmurer :

« Femme de peu de foi ! »

Puis les rayons d'or, les nappes de lumière, les flots de clarté voilèrent à ses yeux l'enfant et son guide céleste...

Angélus revint à elle.

Une blafarde clarté remplissait la chambre. Zacharie, assis dans le grand fauteuil près de l'âtre, pleurait encore la tête dans ses mains. Angélus se leva, fléchissante, brisée ; elle alla jusqu'à son mari et, croisant les bras sur son épaule :

« Oui, dit-elle, mieux vaut adorer la volonté du Seigneur que la maudire. Hier j'ai désespéré, j'essaie de me résigner aujourd'hui. »

Zacharie pressa sa femme sur son cœur et tous deux pleurèrent, et, confondant leurs larmes, ils sentirent le poids de leur douleur s'alléger. Ils avaient à cette heure d'épreuve la certitude de s'aimer plus que jamais. Ils comprenaient, dans cette douleur amère, que le lien du mariage n'est pas seulement cher durant les jours heureux, qu'il devient sacré dans les phases douloureuses de l'existence. Tout ce qu'endurait Angélus trouvait un écho dans l'âme de Zacharie. Ils n'étaient pas deux êtres, mais un seul être frémissant dans sa chair d'un même déchirement, un seul cœur brisé par une douleur unique.

Quand ils revinrent de leur douloureuse absorption, quand fut achevée la confidence de leurs âmes, le soleil matinal jetait ses gerbes d'or sur le berceau du petit Antoine.

« Mère ! dit-il, mère ! »

Angélus courut à lui, le couvrit de larmes et de baisers, et le porta demi-nu dans les bras de son mari.

Lorsque Angélus entra dans la chambre de Tiphaine, l'abattement des traits de la bru apprit à la paralytique la mort de l'enfant. L'impression d'un désir passionné brilla dans son regard, et ce regard intraduisible pour tout autre, Angélus le comprit.

« Oui, dit-elle, le Seigneur l'a prise, mais vous la verrez une fois encore, vous la verrez... »

Les paupières de Tiphaine s'abaissèrent pour remercier.

L'heure de la classe arrivant, Angélus sortit et se tint sur le seuil de la porte.

« Mes enfants, dit-elle aux écoliers, allez chercher des fleurs, beaucoup de fleurs : le bon Dieu a rappelé notre ange. »

Les têtes rieuses se penchèrent, les joues roses pâlirent et les enfants s'éloignèrent sans bruit.

« Ah! dit Angélus, je ne veux pas que ma belle petite fille soit enfermée entre quatre planches de sapin. Fleur du paradis, elle sera ensevelie sous les fleurs. »

Elle mit à l'enfant ses beaux langes, son bonnet de baptême, lui passa un chapelet au cou, disposa une immense corbeille de mousse et y plaça Marie-Patience qui semblait sommeiller.

Les écoliers tressèrent quatre guirlandes de primevères, de violettes, d'alléluias, puis on fixa ces quatre cordons au cercueil d'osier, et, comme le pur calice d'un lis blanc, le visage de l'enfant ressortait au milieu d'une pluie de violettes des bois.

Angélus souleva la petite fille jusqu'au lit de Tiphaine, et deux larmes, deux grosses larmes roulèrent sur les joues de la paralytique, dont l'âme rebelle s'était enfin fondue au feu de l'amour.

A travers les chemins fleuris s'en alla le cortége; les cordons de verdure ondulaient; les enfants, pensifs, se demandaient ce que signifiait ce mystère d'une petite créature qui paraissait dormir et que l'on allait coucher sous la terre glacée.

Au moment où l'on entra dans le champ du repos, un tourbillon de ces petites mouches du printemps appelées éphémères monta, descendit, tourbillonna dans un rayon de soleil.

Elles avaient à vivre une journée, une seule, puis elles disparaîtraient après avoir rempli le mandat de joie, de vitalité, de production, pour lequel elles furent créées.

De ce que leur apparition est si rapide qu'elle leur a valu le nom d'éphémères, en résulte-t-il qu'elles soient inutiles ?

Non pas ! Elles ont affirmé le printemps annoncé par les hirondelles : elles ont occupé leur place dans l'œuvre magnifique des six jours. Sans doute dans les secrets de son éternelle sagesse, il est des enfants que Dieu destine à vivre un aussi court espace. Ne demandons pas pourquoi le Seigneur les met dans les bras de leur mère pour les reprendre presque aussitôt. Que savons-nous si cette âme blanche que rien n'a ternie ne sera pas la seule qui nous accueillera plus tard au ciel ? Elle s'en va dans les aubes de sa candeur virginale, elle nous aimera d'en haut et veillera sur nous. Non, l'enfant n'est jamais en vain donné à la famille. Il en fut ainsi pour Zacharie et pour Angélus : ils étaient unis comme deux époux affectueux : ils comprirent que leur tendresse serait indissoluble.

Toute une année un morceau de drap noir couvrit les ruches du courtil ; toute l'année le petit Antoine porta des habits de deuil ; mais ce qui dura plus d'une année, ce fut le regret d'Angélus se souvenant des yeux bleus profonds de la petite Marie-Patience !

VII

LABOUR ET JAVELLES.

Si un voyageur, connaissant les Pierriers au temps où l'inconduite de Jean Loup les avait fait retomber en friche, eût passé quelques années après ces événements sur l'ancien domaine du tisserand, il serait resté stupéfait de surprise et d'admiration à l'aspect présenté par les bâtiments récemment construits et des champs en plein rapport. La magique baguette du travail avait touché le sol et la vieille maison pour les transformer.

Serviteurs et servantes allaient et venaient sans hâte comme sans flânerie. Chacun remplissait son devoir et s'en trouvait heureux. Les charretiers parlaient amicalement à leurs chevaux, le chien de garde ne montrait pas les dents. On se sentait à l'aise en mettant le pied dans cette ferme agrandie de tous les morceaux de terre avoisinants, qu'Antoine Croisic, actuellement propriétaire des Pierriers, avait joints à l'ancien domaine.

Chose étrange ! l'harmonie et le labour n'étaient pas dérangés par l'absence prolongée du maître. En partant pour un voyage dont il n'avait instruit personne du pays, pas même le maître d'école, il s'était contenté de dire à Lucas, le valet engagé à la Gacilly :

« Je m'en vais, je laisse tout en ordre, je souhaite le retrouver de même. »

Zacharie, inquiet de ne point voir son vieil ami, ayant été s'enquérir de lui à la Maison-Maudite, on l'avait renvoyé aux Pierriers, et aux Pierriers Lucas s'était contenté de répondre :

« Le maître est en voyage.

— Quand reviendra-t-il, mon Dieu ?

— Ça, monsieur le magister, c'est tout à sa volonté ! »

Et Zacharie rentra chez lui, pensif et soucieux. Il accusa Antoine de ne plus garder pour lui ni affection ni confiance ; mais Angélus jugea la chose autrement et fit passer dans l'esprit de son mari la pensée que le brusque départ de l'Homme à la Peau-de-Bique devait avoir un motif utile, un but de bienveillance. Cependant l'absence d'Antoine durait depuis six mois et la fille de Guémené elle-même commençait à s'inquiéter, quand, par une belle journée de septembre, l'Homme à la Peau-de-Bique entra dans la salle où se trouvaient à la fois le maître d'école, occupé à glisser entre les treillis de fil de fer la *Gazette du village* qui faisait le lendemain sa nouvelle apparition, et Angélus, un peu pâlie par les fatigues et les soins que demandait sa petite famille, composée alors de quatre enfants dont le plus petit restait une partie du jour assis sur le lit de Tiphaine qui le couvait d'un regard brillant. En ce moment Guémené essayait un habillement neuf à Jean qui allait enfin porter des culottes

« Bonjour à vous tous ! dit Croisic ; ça va bien ? moi aussi, comme vous voyez !

— Est-ce donc bien à vous d'alarmer de la sorte vos amis? demanda Angélus, en serrant les mains de l'Homme à la Peau-de-Bique.

— Mes amis savent que le Juif-Errant ne meurt jamais. Je n'ai point franchi les mers les plus terribles du globe pour me noyer dans l'Oust ou l'Aph, je suppose ?

— Vous voilà, c'est l'essentiel, et tenez, toute la famille veut vous embrasser, et surtout Antoine. Ne faites pas de jaloux ; part égale de tendresse, ici, je vous en préviens. »

Après avoir échangé maintes poignées de mains, Antoine Croisic, tout en se versant un verre de cidre, dit à Zacharie :

« J'ai fait un voyage instructif. J'arrive du domaine du comte Achille Duclésieux, et j'ai vu cette colonie de Saint-Ilan, une véritable merveille. Vous ne sauriez vous imaginer quel air de prospérité et de bonheur ont tous les enfants de cette famille. On les croirait frères, tant ils s'aiment. Et quel amour du travail, quelle entente du labourage, sans parler de l'instruction que l'on pousse plus loin qu'ailleurs et dont chacun profite avec une louable émulation. Croiriez-vous que la plupart de ces enfants, qui, avant d'entrer à Saint-Ilan, étaient paresseux, vagabonds ou du moins assez misérables pour inquiéter sur leur avenir, peuplent dans plusieurs départements les fermes d'excellents valets, en qui l'on peut avoir toute confiance ? Certes l'homme qui a créé cette colonie en face de la mer, qui a purifié les jeunes regards par l'aspect de la terre, de l'océan et du ciel, a plus fait pour la société, pour l'humanité, que les utopistes allongeant des articles dans les colonnes des journaux. A Saint-Ilan on connaît deux maîtres : Dieu et la nature, et la nature étant l'œuvre de Dieu, toute gloire revient au Créateur et toute bonne action remonte vers lui. Je suis resté non pas une semaine du côté de Saint-Ilan, écoutant hurler la grande mer, mais quatre mois entiers, et plus d'une fois j'ai eu l'honneur de m'entretenir avec le fondateur de la colonie. »

Angélus et Zacharie échangèrent un long regard ; ils attendaient le complément de cette confidence, mais l'Homme à la Peau-de-Bique reprit sans paraître comprendre leur curiosité :

« De Saint-Ilan à Vannes il y a un saut : ce ne sont pas des colons que j'allais visiter, mais un ouvroir de jeunes filles. J'en ai vu là une centaine placées sous la surveillance de femmes ayant renoncé au monde pour embrasser l'apostolat. Sans doute parmi ces enfants beaucoup furent trouvées affamées, délaissées ; la charité les recueillit dans ses bras maternels ; puis entre deux baisers posés sur leurs joues pâlies elle murmura : « Je ferai de vous d'honnêtes femmes ! » Et je suis certain qu'en effet ces créatures, que l'abandon eût conduites au vice, seront de laborieuses ouvrières, des servantes modèles, les dignes compagnes de rudes travailleurs. Il faut voir la perfection de leur couture, l'adresse avec laquelle leurs reprises font paraître neuve la vieille toile. J'ai même été si charmé de quelques ouvrages de ces enfants, que j'en ai acheté pour les encourager, et, par un hasard singulier, une demi-douzaine de chemises en toile de lin s'est trouvée à votre marque, Zacharie, et cette autre à la vôtre, Angélus... Et puis, ah! au fond du sac, des mouchoirs de Chollet... Et les tricots don.. ! regardez-moi ces camisoles pour les enfants! J'aurais vidé le magasin de réserve pour vous apporter les échantillons des chefs-d'œuvre sortis de ces petits doigts agiles. Il faut voir l'air d'honnêteté répandu sur toutes ces physionomies; il faut aussi assister aux récréations de ces jeunes filles pour comprendre que la gaieté n'a toute sa franchise et sa saveur que quand elle prend sa source dans les âmes pures. J'ai lu dans un vieux livre de sainte Thérèse : *Le Seigneur habite dans les cœurs gais.* Et vraiment, en écoutant les chansons de ces enfants, en les voyant si naïves et si rieuses, j'ai trouvé la parole juste, et je me suis dit que le Seigneur devait vivre dans cette ruche d'avettes aussi laborieuses, aussi bourdonnantes que celle de votre courtil, Zacharie. »

Cette fois encore Angélus regarda son mari. Le maître d'école brûlait d'adresser une question à Croisic; mais sa femme mit un doigt sur ses lèvres, et Zacharie obéit à cette muette recommandation.

L'Homme à la Peau-de-Bique vida son verre, serra les mains de Guéméné, du maître d'école, embrassa les enfants, demanda la permission de distribuer des gâteaux aux élèves et prit la route des Pierriers, après avoir fait au sacristain de l'église d'amples recommandations accompagnées d'un écu.

A la ferme, personne n'attendait le maître. Il ne trouva donc point cette fausse apparence d'ordre et de soin qui peut tromper le propriétaire revenant dans son domaine après y avoir annoncé son arrivée. Mais il constata que toute chose marchait sans embarras comme sans bruit. Les bêtes étaient magnifiques. Agneaux et chevreaux prospéraient. La laiterie fraîche, aérée, bien tenue, un peu sombre, attestait le zèle de la fille qui en était chargée. Dans la salle aucun désordre, dans la cour nette et rangée, ni paille ni fagots ne traînaient. L'écurie, traversée par une rigole d'eau claire, avait des litières fraîches et des râteliers garnis. Croisic regarda, observa tout et se sentit content.

Il trouva la Rose dans la buanderie et l'enleva à sa lessive pour lui faire préparer une chambre meublée nouvellement et que personne n'habitait.

Cette chambre était garnie de deux lits jumeaux à colonnes fuselées, car Antoine pensait avec raison que les lits clos sont malsains et concentrent trop l'air qu'on y respire. Deux armoires les accompagnaient. A côté, une presse à linge ; sur une table de travail, une sorte de trousse renfermant tous les outils nécessaires à la couture, au filet, au tricot ; une machine inconnue dans le pays, garnie de pédales comme un petit orgue et de rouages comme une horloge, un rouet et un trophée de quenouilles ; sur la cheminée un crucifix en bois de cerisier, une pendule dans sa gaîne et deux grands vases, voilà tout.

La Rose n'était jamais entrée dans cette chambre. Elle demeura stupéfaite du luxe qu'elle renfermait. Mais son admiration ne connut plus de bornes quand Antoine, ouvrant les armoires, étala aux regards de la fille de buanderie les piles de draps de toile blanche, les douzaines de serviettes et de nappes entassées sur les planches et que dépassaient par-ci par-là des brins de lavande odorante.

« Allons, Rose, dit gaiement Antoine, mets des draps dans ces deux lits, des fleurs dans ces vases, de l'eau dans les brocs, de la chandelle de six dans les chandeliers ; que cela brille, reluise et embaume. et quand cette chambre sera prête, tu feras la même cérémonie dans celle où couche Lucas ; garnis les deux lits de linge frais ; je m'en rapporte à toi.

— Oui, notre maître, répondit Rose ébahie.

— A partir de demain, tu ne m'appelleras plus : « notre maître » , ton maître et ta maîtresse vont arriver... »

Cette fois Rose ne répondit rien ; son étonnement fut assez grand pour la rendre muette.

Jamais souper ne fut plus cordial entre maître et serviteurs que celui de ce soir-là. Croisic témoigna grandement sa satisfaction et la prouva par des cadeaux rapportés de son voyage. On se coucha de bonne heure. A l'aube tout le monde était debout. Ce n'était point seulement le désir de terminer la besogne indispensable avant l'office qui mettait sur pied les gens de la métairie. La Rose, usant de son droit, avait jasé. On savait que les maîtres des Pierriers allaient venir, et c'était une grosse affaire pour les valets et les servantes de quitter le service de Croisic pour passer sous les ordres d'inconnus.

Antoine allait et venait devant la maison, surveillant la route et donnant de légers signes d'impatience.

Enfin une voiture solide, bien bâchée, et supportant à l'arrière de grosses malles, parut sur le chemin ; trois têtes curieuses s'avançaient en dehors de la capote de cuir et regardaient. Un cri de joie, auquel répondirent les signaux de l'Homme à la Peau-de-Bique, prouva que les voyageurs et Antoine se reconnaissaient. Un dernier claquement de fouet doubla la vitesse du cheval, et la voiture entra dans la cour.

Un jeune garçon en descendit lentement, tendit successivement les bras à deux belles filles, puis tous trois suivirent Antoine dans la salle, tandis que le valet d'écurie dételait le cheval et que le bouvier déchargeait les malles qui furent portées dans la chambre aux lits jumeaux.

« Mes enfants, dit l'Homme à la Peau-de-Bique, nous n'avons pas de temps à perdre, mangez lestement un morceau, puis habillez-vous; le premier coup de la messe ne tardera pas à sonner. »

Les deux jeunes filles, légèrement réconfortées, suivirent la Rose qui venait d'ouvrir les malles, et procédèrent à leur toilette. Le jeune voyageur, guidé par Lucas, en fit autant de son côté. Une demi-heure après, l'Homme à la Peau-de-Bique et les gens de sa maison se trouvaient prêts à partir pour la messe ; les filles roulaient déjà leur chapelet dans leurs doigts, les hommes portaient gravement leurs livres d'office.

Quand Croisic entra dans l'église, suivi de ses valets et de ses servantes, un mouvement de curiosité vite réprimé se fit dans les rangs des femmes, en voyant les jeunes filles inconnues gagner avec la Rose un banc installé de la veille.

Vraiment elles justifiaient l'attention, ces étrangères portant le costume du pays, simple et charmant. Leurs regards étaient modestes, leur tenue sérieuse. Dès qu'elles furent à leur place, elles ne levèrent plus la tête, si ce n'est quand une de leurs voisines se rangeant pour laisser passer quelqu'un dit à demi-voix :

« Heureuse de vous obliger, madame Angélus. »

Le jeune homme, qui gagna le chœur avec Antoine, ne fut pas moins remarqué. Quand il chanta les paroles latines de l'Église, ce fut d'une belle voix pleine et mâle dominant toutes les autres, même celle de Zacharie.

Après la messe on s'aborda dans le cimetière, et l'Homme à la Peau-de-Bique, ayant autour de lui les nouveaux arrivés, vit bientôt venir Zacharie, Guéméné et Angélus portant deux de ses enfants dans les bras, tandis que les aînés marchaient devant elle un rameau de coudrier à la main.

Plus d'un voisin aborda Croisic en lui demandant :

« Nous ne connaissons point ce beau garçon et ces jolies filles; peut-on, sans vous commander, savoir leur nom?

— Des amis à moi, » dit Antoine négligemment.

Zacharie se croirait indiscret s'il adressait une question, et cependant ce beau jeune homme l'attire, il éprouve tout de suite de la sympathie pour les jeunes filles pâles comme des fleurs qui se seraient épanouies à l'ombre. Son regard ne les quitte guère. Quant à elles, timidité, modestie ou crainte, elles gardent les leurs obstinément baissés.

« Et vous, dit l'Homme à la Peau-de-Bique en s'adressant au maître d'école, vous ne m'interrogez pas sur les nouveaux hôtes de ma maison ?

— S'il vous plaît de ne rien m'apprendre, dit Zacharie, dois-je me montrer indiscret sous prétexte que je suis votre ami ?

— Indiscret ? Au fait vous dînerez ensemble, et vous aurez le temps de faire connaissance ; madame Angélus, ajouta Croisic, le couvert est mis aux Pierriers pour vous tous, et Guéméné est de la famille... Léonarde gardera Tiphaine... J'emmène tout le monde. »

Les enfants sautèrent de joie et Angélus accepta.

Le trajet fut silencieux. Il régnait non pas de la curiosité entre ces braves gens rapprochés par Croisic, mais une émotion sourde, inavouée. Chacun se sentait le cœur gros ; les regards se baissaient comme s'ils redoutaient de s'emplir de larmes en se rencontrant.

Lorsque l'Homme à la Peau-de-Bique et ses amis se trouvèrent dans la grande salle, Antoine ouvrit la porte de la chambre dont nous avons parlé, et y poussa doucement par les épaules les jeunes filles et le jeune garçon arrivés le matin.

Il prit ensuite la main de Zacharie et la serra fortement, comme s'il voulait lui communiquer du courage, puis il l'entraîna dans la chambre dont il ferma la porte après qu'Angélus en eut franchi le seuil.

« Zacharie, dit-il, Zacharie, voici Sabin ton frère ; embrasse ta sœur Colette, et n'oublie pas Moucheronne ! »

Il y eut entre les acteurs et les témoins de cette scène un indescriptible élan mêlé de sanglots, d'étreintes et de baisers. Puis à cette émotion violente succéda l'attendrissement ; chacun s'étonnait, s'émerveillait.

« Quoi ! cette belle fille était la Colette, effaroucheuse de chèvres et braconnière de poules ! Cette autre si pâle, si modeste, si jolie, était Moucheronne, que Zacharie porta tant de fois dans ses bras ! Et Sabin ! Sabin, c'était ce gars à l'œil intelligent et clair, dont la voix sonnait franche, dont le cœur battait fort ! Cette jeunesse active, pure, instruite, succédait à l'enfance misérable et vagabonde ! Les mendiants des Pierriers avaient, comme dans les contes de fée, dépouillé leur enveloppe grossière, animalisée, pour devenir ces fiers paysans, ces modestes artisans ! »

Avec le sentiment de la transformation opérée grandit dans l'âme de tous la reconnaissance pour l'auteur de ces merveilles de la charité, de l'abnégation ; Zacharie, Sabin, Colette et Moucheronne se jetèrent dans les bras de l'Homme à la Peau-de-Bique.

« Ah ! merci, merci, leur dit Antoine, j'avais perdu mon âme et vous me l'avez rendue. J'avais oublié de pleurer, et des larmes coulent sur mes joues... »

L'Homme à la Peau-de-Bique ouvrit la porte de la chambre, et, voyant la soupière fumante sur la table, et les convives rangés autour, il s'écria :

« A table ! à table ! »

On mangea si l'on put, car la joie étouffait un peu les convives d'Antoine. Les enfants oubliaient même les friandises pour regarder de leurs grands yeux l'oncle et les tantes qui arrivaient de loin augmenter le nombre de ceux qui les gâtaient.

Au dessert on servit du vin vieux, et quand les verres furent remplis, Antoine se leva :

« Au nouveau propriétaire des Pierriers, dit-il, au petit Antoine, mon filleul, à qui je l'offre comme dragées de baptême.

« Angélus et Zacharie, étant ses tuteurs naturels, jouiront des revenus jusqu'à sa majorité. Je les prie seulement d'y garder Sabin, Colette et Moucheronne. »

L'Homme à la Peau-de-Biqué enleva l'enfant dans ses bras et le plaça sur la table.

« Fais le tour, dit-il, chacun ici te doit un baiser.

— Qui paiera notre dette ? demandèrent Angélus et Zacharie.

— Ne comptons pas, dit Croisic, je vous serais redevable... Vous m'avez fait aimer les autres, et vous m'avez donné la foi en Dieu. »

TABLE DES MATIÈRES.

PREMIERE PARTIE.

AUBE.

		Pages.
I. — Jean Loup le tisserand..........	7
II. — Rencontre nocturne.............	22
III.— Blé vert.......................	37
IV. — Senteurs d'ivraie...............	58
V. — Grain de senevé................	73
VI. — Renards au poulailler...........	89
VII.— Fleur nouée....................	101

DEUXIEME PARTIE.

AURORE.

I. — Premiers rayons................	123
II. — Dans les grands blés............	136
III.— Granges et feuils...............	150
IV. — Le parfum des chanvres..........	160
V. — Chaumes et regains.............	172

TABLE DES MATIÈRES.

TROISIÈME PARTIE.

MIDI.

		Pages
I.	— Blé vanné	143
II.	— Bouton d'églantier	167
III.	— Gerbe liée	210
IV.	— Grêle et tempête	213
V.	— Pousses de feuilles	241
VI.	— Éphémère	239
VII.	— Labour et javelle	276

Original en couleur
NF Z 43-120-8